Narratori

W0244152

ALESSANDRA SPADA

Gaia degli alberi

SOLFERINO

SOLFERINO

www.solferinolibri.it

© 2022 RCS MediaGroup S.p.A., Milano
Proprietà letteraria riservata

Pubblicato in accordo con Grandi & Associati, Milano

Per la realizzazione di questo libro l'autrice ha beneficiato
di una borsa letteraria della Fondazione svizzera
per la cultura Pro Helvetia

Disegni di Alessandra Spada

ISBN 978-88-282-0907-2
Prima edizione: aprile 2022

Gaia degli alberi

FRANCIA
Zurigo
Lago di Biel
Neuchâtel
Lago di Neuchâtel
BERNA
Lucerna
Muotathal
Bödmeren
Lago dei Quattro Cantoni
SVIZZERA
Lago di Brienz
Lago di Thun
Interlaken
Forêt de Risoux
Arboretum
Losanna
Aubonne
Lago Lemano
Montreux
Rodano
Derborence
Finges
Sion
Sierre
Rodano
Ginevra
Domodossola
Lago Maggiore
FRANCIA
Monte Rosa
4637
Monte Bianco
4810
Aosta
Lago d'Orta
ITALIA
0
30 km

Alle estati nel giardino di mia nonna,
che sapeva far germogliare anche un manico di scopa.

A mia figlia e i miei figli,
le mie nipoti e i miei nipoti;
alle loro amiche e i loro amici;
alle mie classi,
a quelle che mi hanno invitata
e a quelle che spero di poter conoscere.

Vorrei davvero potervi lasciare
un mondo migliore,
non ci sono scuse.

Γαῖα *Gàia:*
Dea primigenia dall'inesauribile forza creatrice,
è considerata nella religione greca l'origine stessa
della vita, la dea primordiale della Terra.

La bambina e la quercia

Tic, dac, tac, fece la bambina.
Tumm, frr, blip, rispose l'albero.

La piccola era abbracciata al tronco, a cavalcioni di un ramo.
Aderiva con gran parte del corpo al fusto enorme.
Pelle contro pelle.
I palmi delle mani aperti sulla corteccia.
La guancia destra posata contro il grande albero.
L'orecchio in ascolto.

Stavano parlando di qualcosa di antico e imminente.

Il senso del tempo nella foresta aveva un significato tutto suo.

Qui non funzionavano le lancette dell'orologio. Era l'ombra dei rami al suolo a regolare il susseguirsi degli eventi. La temperatura del sole sulle foglie diceva alle gemme quando era ora di sbocciare. Lo scorrere del ruscello tra i sassi annunciava lo sciogliersi dei ghiacci sulle cime.

I bucaneve coraggiosi facevano capolino e poco dopo li seguivano i musi insonnoliti dei ghiri. E la volpe, la lepre, il picchio sospiravano di sollievo: anche quest'anno, l'inverno era finito. Per qualcuno era la Prima Primavera, l'eccitazione faceva compiere fatali imprudenze. Anche il falco doveva mangiare.

Tutti nella foresta avevano un ruolo.

La vita avanzava in cerchio.

Nei racconti della quercia i fatti non erano in ordine lineare.

Gli umani ci chiamano foresta

forêt, forest, wald, floresta, pădure, bosque, ghaba, basoa
oppure albero, arbre, tree, Baum, arvore, copac, arbol,
shajara, zuhaitza,
ma noi non ci chiamiamo.
Loro danno un nome che divide, distingue
l'altro da sé, separa gli individui dal tutto.
Ma noi siamo il tutto.
Ormai gli umani hanno poche memorie,
quella concentrata nel piccolo cervello
ha sopraffatto le altre,
non sentono più la memoria della pelle,
dei visceri,
delle ossa, dei capelli e delle unghie.
E dimenticano che siamo una cosa sola.
Affidati alla memoria piccola, si aggirano
smarriti a gran velocità,
ansiosi di dimostrare
nel breve tempo delle loro vite
di essere unici e indipendenti.
Individui.
Convinti di conquistare la libertà,
distruggono la rete che ci tiene tutti in vita.

1

All'inizio Gaia faceva fatica a capirla. Aveva fretta di arrivare al dunque della storia: *Qual è il messaggio? Perché le piante mi parlano? Cosa vogliono dirmi?*

Sentiva la voce dell'albero, come in un coro.

Tutta la foresta parlava con lei contemporaneamente.

Era importante quello che aveva da dirle. E lei aveva paura di sbagliare.

Era stata scelta, questo era chiaro. A lei aveva parlato per la prima volta.

Lei era la guardiana di quel bosco.

La guardiana di Boedmeren.

Per questo Gaia aveva deciso che si sarebbe chiamata come la foresta: Edme.

Ogni giorno dopo la scuola si arrampicava fino al vecchio pino e lo ascoltava. Col tempo la grande pianta si era rivelata una piacevole chiacchierona. Molto più loquace di tutti i larici che aveva intorno. E a poco a poco aveva provato a parlare anche Edme.

Non si trattava esattamente di parole che uscivano dalla bocca.

Il pino comunicava con tutto il suo corpo e così la bambina gli rispondeva.

Non riusciva a raggiungere la complessità del linguaggio degli alberi.

Loro avevano veramente gli effetti speciali. Sapevano emettere odori per inviare messaggi di gioia o di pericolo. Potevano cambiare colore alle foglie e produrre molti tipi di suoni differenti.

Edme si era concentrata su questi ultimi e col tempo era arrivata a padroneggiarne una buona gamma.

Oggi, in un lungo e soleggiato pomeriggio d'estate, pensava di allenarsi ascoltando le storie del pino. Ormai aveva capito di essere stata chiamata per aiutare la foresta, non sapeva ancora esattamente come.

Ma non poteva porre la domanda diretta.

Ci voleva pazienza e concentrazione per non perdere il filo del discorso pinesco. Il vecchio albero parlava di un'emergenza, ma non sembrava avere fretta.

I suoi racconti avanzavano come un'onda. Partivano in sordina, poi montavano come una sinfonia e spesso finivano di colpo lasciando Edme indolenzita e un po' stordita dopo essere restata a lungo abbracciata al tronco.

Più che una cantastorie, la pianta sembrava una direttrice d'orchestra. Lanciava un accordo, e una alla volta tutte le voci della foresta, fino alla più piccola, la seguivano.

Si univano in un concerto meraviglioso che parlava di albe e tramonti, di pioggia, neve, grandine, del fulmine che portava il fuoco distruttore e della vita che rinasceva dalle ceneri. Di mitici alberi scomparsi, le cui radici accoglievano ancora le tane delle lepri.

In mezzo a tutta quella meraviglia di immagini la bambina aveva colto qualche indizio del pericolo che minacciava la sua amata foresta, nei racconti comparivano *l'acquachebrucia*, *ilfreddochenonarriva*, *ilcaldochescotta*, *ilrumorecheuccide*.

Non sapeva però come mettere insieme queste informazioni.

2

Gaia vive sugli alberi. Lo fa da quando ha imparato ad arrampicarsi.

Era molto piccola, avrà avuto sì e no quattro anni. C'era ancora papà.

A sua madre sembrava che avesse appena imparato a camminare, quando un pomeriggio le aveva fatto prendere uno spavento terribile.

Erano insieme in giardino e la bambina aveva detto: «Mamma, ho fame!».

La madre prontamente aveva ribattuto: «Aspetta qui. Non ti muovere. Vado a prendere la merenda. Ci metto un minuto. Succo e biscotti, va bene?».

Non aveva aspettato la risposta e si era avviata su per i pochi gradini che conducevano in cucina.

La merenda era già pronta sul vassoio, non l'aveva portata prima in giardino per non attirare le formiche. In meno di tre minuti era già tornata fuori con il bicchiere colorato, il pacchetto di biscotti.

Ma Gaia non c'era più.

La povera donna si era presa un colpo. Aveva resistito all'istinto di strillare, posato il vassoio sul tavolino rotondo in ferro battuto e con voce forzatamente scherzosa aveva detto: «Dov'è Gaia?» mentre guardava in modo ostentato sotto il tavolo e con la coda dell'occhio constatava sollevata che il cancello era chiuso.

«Ma dove sarà Gaia? Io non la vedo! Sarà dietro il rosmarino?» aveva improvvisato, guardando oltre il cespuglio.

Nessuna risposta.

Usando la logica, la mamma era sicura che sua figlia non potesse essere andata lontano, né tantomeno che fosse entrato qualcuno: era stata via meno di cinque minuti.

Ciò nonostante, non averla sottocchio le provocava una profonda inquietudine che si piazzava alla bocca dello stomaco e strizzava forte fino all'ombelico. Non ci poteva fare nulla. Da quando era diventata madre, i pensieri le erano sfuggiti di mano.

Si era messa a cercare con più foga, sempre fingendo che fosse un gioco. Ma alla fine era davvero spaventata: «E va bene! Ora vado sul serio a chiamare i pompieri! Speriamo non venga anche la polizia, che poi magari ci fa la multa», e aveva finto di avviarsi verso la casa.

«Gaia! Dai! Ora basta! Vieni fuori che la mamma si spaventa!» Il tono non ammetteva repliche, anche se nel finale c'era una nota di supplica.

«Cucù!» fece una vocina dal cielo.

La mamma incredula alzò gli occhi, ed eccola là, la sua bambina con la testa di ricci pazzi sul ramo più alto del ciliegio.

«Gaia! Santo Cielo! Cosa ci fai lassù? Come ci sei arrivata? Vieni giù subito! Anzi, no! Non ti muovere! Vado a prendere la scala. No, resto qui. Chiamo tuo padre.»

Il papà arrivò più in fretta che poté e anche Luca, uno dei fratelli di Gaia, che tornava dalla piscina.

Trovarono la mamma sfinita a testa in su e la bambina felice, serenamente accomodata sul ramo più alto.

«Figo!» decretò il fratello. «Spostati un po' in avanti che faccio un video e lo mando a Ben!»

«Luca, per favore. Non è il momento di fare battute. Tua sorella ha quattro anni e non so come sia salita lassù. Ma soprattutto come fare a farla scendere. E se cadesse? Potrebbe rompersi l'osso del collo!»

«Prendo i cuscini o chiamo i pompieri?»

«Entrambi! Tu prendi tutti i cuscini che trovi, io chiamo i pompieri, la mamma sta di guardia sotto il ciliegio» aveva detto il papà.

In tutto questo Gaia se la rideva dall'alto col suo sorriso sdentato e gli occhi neri che brillavano. Poi d'un tratto ripeté: «Mamma, ho fame!».

«Cosa? Ah, benissimo, amore, qui ci sono succo e biscotti. Adesso appena arrivano i pompieri ti tirano giù e fai una supermerenda.»

«Arrivo!» e con l'agilità di una scimmietta, prima che sua madre avesse tempo di obiettare, Gaia scese dall'albero e si sedette a tavola a mangiare i biscotti e bere il succo.

Da quel giorno la mamma, che credeva al motto «conosci le tue paure e affrontale», aveva cominciato a portare sempre più spesso la bambina nella foresta di Risoux. La allenava a salire sugli alberi, facendo attenzione ai rami troppo sottili o marci e a non arrampicarsi senza aver prima controllato il percorso per scendere. Era diventata un'abitudine di famiglia.

Poi il papà si era ammalato. Prima di andarsene aveva fatto promettere loro che sarebbero sempre tornati nel bosco a passeggiare, soprattutto quando avrebbero avuto nostalgia di lui. Gaia gli aveva risposto: «Certo, papà, e io d'ora in poi mi chiamerò Ris. E abiterò sugli alberi».

3

Gaia era la bambina più piccola nata all'ospedale di Sion quell'inverno. Avrebbe dovuto restare nella pancia della mamma ancora due mesi. Ciò nonostante i dottori erano ottimisti. Per quanto fosse minuscola, era sana, forte e aveva tutti gli organi al loro posto. Avrebbe dovuto restare in incubatrice parecchie settimane, ma tutto sarebbe andato per il meglio.

Le previsioni dei dottori furono confermate e quando la primavera allungò le giornate, il nonno andò a prendere sua figlia Diane e la neonata e le riportò a casa, a Sierre.

Era convinto che non ci fosse cura migliore dell'aria buona per le sue ragazze, così già quel primo giorno fece il giro lungo e, prima di arrivare, le portò un momento a respirare l'aria del bosco di Finges, dai finestrini aperti della sua Subaru Forester.

Quello che i dottori non avevano previsto era il ciuffo di capelli che sei mesi dopo sarebbe spuntato sulla testolina di Gaia. Era il più insolito ciuffo di capelli che si fosse mai visto in tutta la regione, e anche più in là. Innanzitutto era verde. Non si trattava di una sfumatura o di un gioco di luce. Era proprio di un bel verde brillante come i germogli di felce che crescevano nel sottobosco. E poi si allungava ogni giorno alla velocità dei fili d'erba.

Il nonno e la mamma erano così contenti che la bambina crescesse sana che non diedero nessuna importanza al colore dei capelli. Si dissero che se proprio le settimane in incubatrice dovevano avere una conseguenza, quella non era certo la più grave. Diane soprattutto non volle più parlarne.

Così Gaia crebbe felice, il nonno si occupava di lei mentre la mamma era al lavoro. La metteva nel marsupio e facevano lunghe passeggiate nei boschi. Lì di certo i suoi capelli verdi non stonavano. Il nonno le insegnava il nome di tutti gli alberi e la bambina educata li salutava. Quello che lui non sentiva era la risposta della foresta al saluto gentile. Ma Gaia sì, e la trovava normale.

Un giorno disse: «Io mi chiamo Fing, come questo bosco».

La mamma e il nonno lo trovarono un nome carino e non ebbero niente in contrario a chiamarla così.

Arrivò però il momento di andare a scuola e questa storia di farsi chiamare Fing, mentre sul registro c'era scritto Gaia, ma soprattutto le due belle treccine verdi che la mamma le pettinava ogni mattina le attirarono le prese in giro di molti compagni. E Gaia fu un po' meno felice.

Per consolarla il nonno continuava a portarla nel bosco. Il sabato e la domenica mettevano nello zaino i panini e ci restavano fino al tramonto. Un giorno il vecchio pose alla nipote la domanda di cui più temeva la risposta: «Piccina, ma non ti stufi di stare tutto il giorno qui in silenzio, sola con il tuo vecchio nonno? Non preferiresti trovare degli amici della tua età con cui chiacchierare?».

«Ma nonno, qui nel bosco sono piena di amici con cui parlare. Non li senti che chiacchieroni sono gli alberi?»

4

Gaia non ricordava molto della Romania. Quando erano arrivati aveva solo quattro anni.

Prima era partito il papà. Aveva ottenuto un lavoro a Sion, in una fabbrica di apparecchiature meccaniche, con il suo diploma di ingegnere non era stato difficile. Appena aveva trovato casa, aveva fatto i documenti per lei, il suo gemello Constantin e la mamma.

Le avevano raccontato che prima di emigrare lei piangeva sempre e non dormiva mai. Diceva di sentire gli alberi gridare. I genitori erano convinti avesse qualche malattia che i dottori non vedevano.

Per questo avevano deciso di partire. Speravano di trovare qualcuno capace di curare la loro bambina.

Ma da quando erano arrivati in Svizzera, Gaia era felice e dormiva come un sasso tutte le notti.

Diceva che qui gli alberi non piangevano e allora neanche lei.

La mamma e il papà avevano quindi deciso di restare, poco importava capire che malattia fosse, la loro bambina in quel paese era guarita.

All'inizio non avevano tanti amici e sentivano la nostalgia di casa, ma appena avevano un po' di tempo, andavano a passeggiare in montagna. Vedere Gaia e Constantin correre felici nel bosco era la loro gioia più grande.

La loro gita preferita era al lago di Derborence, ci arrivavano con il bus postale e poi camminavano fino al bordo della foresta. Lì passavano spesso la domenica nella bella stagione.

«Sento gli alberi che cantano!» diceva la bambina e loro le sorridevano contenti.

A scuola Gaia si era fatta qualche amica, per qualche anno era stata portiera nella stessa squadra di suo fratello. Insieme giocavano al parco, andavano in bicicletta e in inverno a pattinare.

Ma spesso la domenica la bambina chiedeva: «Mamma, papà, mi portate a sentire gli alberi cantare?».

Era la loro frase magica. I genitori pensavano che Gaia la ripetesse perché era affezionata al gioco di quando era piccola. Anche per loro le passeggiate a Derborence erano un bel ricordo e, appena il tempo lo permetteva, erano felici di tornarci.

Così quella bella mattina d'agosto si incamminarono zaini in spalla. Era presto e l'aria era ancora frizzantina quando imboccarono il sentiero. E fresca era anche la voce di Gaia quando spiegò loro: «Io li sento davvero gli alberi cantare. Mi chiamano Derb».

Ma non è sempre stato così

Da una briciola di millenni,
gli umani hanno cominciato a correre,
sempre più veloce, sempre più lontano,
senza voltarsi indietro.
E tagliano, abbattono, disboscano, come fossimo tanti
cordoni ombelicali, da spezzare per respirare.

Ma ancora ogni giorno respirano ossigeno,
mangiano foglie, semi, frutti,
annusano fiori,
costruiscono case di tronchi.
Siamo nei loro polmoni,
nei loro stomaci,
nelle loro cellule,
nei loro nidi.
Loro non vedono
che restiamo comunque una cosa sola.
Dalla notte dei tempi.
Noi siamo Gaia.
E gli umani si stanno distruggendo.

5

Allora, les élèves, *è arrivato finalmente il gran giorno della gita all'Arboretum.*

Noi insegnanti siamo contentissime di passare questa giornata con voi e siamo certe che sarà una bellissima esperienza, ma come ben sapete, organizzare una gita per due classi di due scuole diverse è complicato e richiede da parte vostra un comportamento impeccabile, quindi ripetiamo ancora una volta le consegne: saliremo sul treno a Sierre e a Sion ci raggiungerà la classe di madame Aubry; abbiamo riservato i posti, vi dirò quali sono, è assolutamente vietato allontanarvi dalla carrozza, ma siete caldamente invitati a fare conoscenza tra voi, è uno degli obiettivi di questa giornata.

Dovremo cambiare treno a Losanna e poi prendere l'autobus da Allaman fino all'Arboretum, durante questi cambi ciascuno di voi sarà in coppia con qualcuno dell'altra classe, non perdetevi di vista.

Non si mangia e non si beve in viaggio, faremo merenda appena arrivati, sono sicura che potete resistere e no, non accetto eccezioni. Ci sono domande? Bene, allora è tutto chiaro.

Ora, chi deve andare in bagno, questo è il momento,

non in treno, non in pullman. Avete dieci minuti, poi andiamo alla stazione, non dimenticate gli zainetti e il cartellino con il mio numero. Alé hop, c'est parti.

Anna Rochat fece un lungo sospiro, portare una classe in gita era una grande responsabilità e richiedeva parecchia organizzazione.

Ma lei e la sua amica Amélie se lo erano promesse fin da studentesse: quando avrebbero avuto le loro classi non sarebbero state come quelle vecchie insegnanti che hanno paura di uscire dal cortile e passano il tempo a far imparare regole e formule a memoria.

I loro allievi avrebbero visto il mondo da vicino o almeno la natura che le circondava e ciò che questo fortunato angolo di Svizzera aveva da offrire.

Si erano anche dette che appena avessero potuto lo avrebbero fatto insieme. Anna insegnava scienze e matematica, Amélie geografia e inglese, non erano capitate nella stessa scuola e neanche nella stessa città, ma i dieci minuti di treno tra Sion e Sierre non avevano impedito loro di organizzare questa giornata al parco botanico.

Ora però non potevano permettersi che qualcosa andasse storto.

Convincere le loro direttrici era stato più facile di quanto temessero, entrambe incoraggiavano l'entusiasmo delle due giovani insegnanti. Ma in sala professori c'era sempre qualche collega che guardava con sospetto l'eccesso di iniziativa personale, «perché vi prendete la briga di fare tutti questi sforzi per qualcosa non previsto dal programma scolastico?» dicevano.

Be', ora glielo avrebbero fatto vedere loro il perché!

Al ritorno avrebbero tappezzato la sala professori di foto della gita.

La giornata sarebbe stata perfetta, il tempo era dalla loro parte, il sole che splendeva alto nel cielo limpido non poteva essere che di buon auspicio. A Sion sarebbe salita sul treno la classe di Amélie e avrebbero fatto in modo che facessero conoscenza. Di sicuro avrebbero fatto sedere vicine quelle due allieve un po' speciali, che avevano tanto in comune, persino il nome, dovevano farle incontrare. Tutta l'idea della gita era partita da loro...

Derb si avvicinò timidamente al posto che le aveva indicato la sua insegnante.

La ragazza minuta seduta vicino al finestrino stava guardando fuori, o meglio, aveva la testa girata verso il vetro, ma con la coda dell'occhio stava spiando i movimenti della nuova arrivata.

Le professoresse erano state chiare, uno degli obiettivi importanti della gita era fare conoscenza con l'altra classe, a Sierre non c'è il liceo, quindi chi proseguirà gli studi dovrà spostarsi a Sion, una faccia amica in una nuova scuola può fare la differenza, questo avevano detto.

Derb sapeva bene cosa vuol dire essere l'ultima arrivata, si ricorda ogni minuto del suo primo giorno di scuola qui, dalla Romania, non era stato per nulla facile, ce l'aveva fatta solo perché in classe c'era suo fratello Constantin, avere un gemello a volte è una gran cosa.

Ma ora poteva essere lei a tendere la mano a questa ragazza dai capelli meravigliosi, che sembrava voler sparire nel finestrino, e questo la faceva sentire bene.

«Ehi, ciao, io sono Gaia, e tu?»

«Io... be', anche io.»

«Anche tu...?»

«Anche io mi chiamo Gaia, ma preferisco essere chiamata Fing.»

«Ah, se è per questo io mi faccio chiamare Derb.»

Il ghiaccio era rotto.

«Tu abiti a Sierre?»

«Sì, e tu a Sion?»

«Sì, però non sono nata qui, noi veniamo dalla Romania.»

Derb non sapeva bene perché avesse introdotto quell'informazione così presto, di solito evitava il discorso finché non era sicura di potersi fidare. Non che si vergognasse delle proprie origini, ma aveva imparato sulla sua pelle che essere straniera non è mai un vantaggio a scuola.

Per suo fratello era stato peggio, i maschi spesso non vanno per il sottile e, all'inizio, Constantin non aveva esitato a rimpiazzare con i gesti le parole che non conosceva e a rispondere con le mani alle offese. Era stato punito, a scuola e a casa, ma sua sorella lo aveva convinto che la cosa migliore era imparare alla svelta il francese e far vedere di cosa erano capaci senza finire nei guai.

I gemelli si erano sostenuti a vicenda e coperti le spalle, avevano cominciato a ottenere dei voti migliori dei loro compagni francofoni e a guadagnarsi il rispetto degli insegnanti.

Ma la vera svolta era arrivata quando il prof di ginnastica si era reso conto che entrambi erano i migliori portieri che vedesse da parecchio tempo. La squadra del 2009 era a corto di portiere, il loro aveva superato le selezioni regionali ed era passato di livello. Ora questi due ragazzini venuti dall'Est potevano salvare la stagione, un bambino e una bambina, poi! Alla faccia di chi diceva che c'erano solo maschi nel suo club.

Convincere i genitori non era stato facile, temevano che il calcio li distraesse dalla scuola, avevano soltanto sette anni, ma dovevano imparare bene la lingua, e ci mancava solo di dare a Costi altre occasioni per menare le mani.

Ma l'allenatore li aveva rassicurati, il fair play veniva prima di tutto nel suo club e quale miglior momento di integrazione dello sport! Così il campionato di calcio aveva definito il calendario dei loro weekend per quattro anni, Gaia e Constantin avevano giocato nella stessa squadra, si erano fatti degli amici, finché non era venuto il momento di giocare in due squadre diverse. Gaia, che già si faceva chiamare Derb, aveva deciso di smettere, non era il calcio la sua passione, lei amava stare con gli alberi. Constantin invece aveva continuato, la competizione gli piaceva e ultimamente secondo sua sorella aveva cominciato a comportarsi troppo da spaccone.

E ora lei si trovava davanti per la prima volta una ragazza che sembrava condividere il suo interesse, sembrava troppo bello per essere vero.

«Senti, scusa, posso chiederti una cosa?»

«Certo, sì, dimmi.»

«Non ti offendere, immagino che te lo chiedano tutti, ma i tuoi capelli sono meravigliosi, come fai ad averli così? Non ne ho mai visti di simili, hanno il colore della foresta, li hai tinti?»

«In effetti me lo chiedono tutti, ma più che altro mi prendono in giro, no, non li ho tinti. Ci sono nata.»

«Wow!»

«Sei la prima persona che la pensa così, a parte mia mamma e mio nonno.»

«Ma, scusa se mi impiccio, sei l'unica della famiglia con i capelli verdi?»

«Sì, be', credo. In realtà non ho mai visto mio padre, e mia madre non ama parlarne.»

Gli occhi di Fing si velarono per un secondo di malinconia e Derb temette di aver esagerato e rovinato sul nascere una possibile nuova amicizia, e lei aveva troppo bisogno di questa nuova amica per permettere che succedesse. Cercò di portare il discorso su un terreno comune: «Ehi, tu cosa sai della gita di oggi?».

«Mah, so che le nostre prof sono amiche e ci tengono un casino che tutto vada benissimo. Il posto dove andiamo deve essere fantastico, ho guardato il sito, è una foresta artificiale, una collezione di alberi da tutto il mondo, li hanno piantati dal 1968 e ce ne sono più di quattromila, è l'unico Arboretum di Svizzera.»

«A noi la prof ha detto che c'è anche un museo del legno e una biblioteca di dendrologia, io vorrei vederla.»

«La biblioteca? Come mai?»

«Forse ci sono dei libri sul linguaggio delle piante, mi interessa per una ricerca...»

Derb non aveva osato dire tutta la verità alla sua nuova amica, ma lo sguardo che le due Gaia si erano scambiate valeva più di mille parole. *Il linguaggio delle piante? Davvero? Anche tu? Non mi dire che anche tu...*

Intanto il treno correva veloce ed era arrivato al punto in cui i binari passavano vicinissimi all'acqua del lago. Le insegnanti avevano richiamato la loro attenzione ai finestrini: «Guardate, ragazzi, eccoci sul lago Lemano, quelle montagne sull'altra sponda sono in Francia, mentre fra un istante passeremo vicinissimo al castello di Chillon».

Il panorama era davvero mozzafiato, la giornata di fine estate era limpidissima, il sole spuntava dietro le montagne di fronte lasciandole in ombra tra il blu e il verde e illuminando le vigne in pendenza fino al bordo del lago che erano cariche di grappoli, sul pelo dell'acqua stormi di anatre volavano a raso e cambiavano formazione facendo prove di migrazione. Il treno sfilava lungo questa cartolina e dopo poco si fermò alla stazione di Losanna.

Il cambio fu un po' frenetico con le professoresse preoccupate che li contavano e ricontavano come pecore. Fing e Derb avrebbero voluto continuare il loro discorso in pace, anzi proprio da sole, evidentemente avevano molto da dirsi, ma il secondo treno era più piccolo e affollato, non avevano trovato posto a sedere e dopo meno di venti minuti erano dovute scendere di nuovo e prendere il bus.

In mezzo alla folla di studenti la magia era svanita e ora si trovavano una vicina all'altra, Derb mezza testa mora più alta di Fing, entrambe ammutolite in mezzo al gruppo vociante dei loro compagni di classe a guardare la foresta che si stagliava maestosa davanti a loro.

Il sole era alto nel cielo limpido, la luce calda di fine stagione carezzava i fianchi delle montagne, gli alberi, le vigne, i campi coltivati fino alla riva del lago. L'aria però conservava ancora il fresco della notte e un accenno di profumo d'autunno, che in quei giorni di confine si faceva sentire al mattino e alla sera, un'allerta che la natura diffondeva, ma solo i più attenti coglievano.

La stagione stava cambiando, era tempo di prepararsi all'inverno, diceva, le giornate erano già più corte, ma col passare delle ore il sole scaldava l'aria e l'acqua e tutti credevano di poter prolungare l'illusione dell'estate.

Ora, all'imbocco di quel sentiero dal piazzale dove i pullman avevano riversato stormi di studenti in gita, due ragazze guardavano in alto: la foresta che risaliva lungo le pendici della montagna era perfetta, la cartolina della foresta ideale, e Fing e Derb, senza dirselo, stavano aspettando la stessa cosa: che parlasse con loro.

In quella mattina speciale, entrambe silenziosamente speravano di aver trovato qualcuno con cui condividere il loro segreto. Aspettavano solo che questo bosco si esprimesse per osservare la reazione dell'altra e poter finalmente dire: *li senti anche tu?*

Ma il bosco dell'Arboretum taceva.

All'inizio li abbiamo lasciati fare

Non siamo rapidi davanti alle novità.
Dicono di noi che siamo lenti,
ma nei nostri millenni di vita
abbiamo allenato reazioni istantanee a eventi noti.
Una giraffa o uno sciame di afidi
che mangiano le foglie
non sono un pericolo,
sappiamo come reagire:
sostanze amare circolano nelle venature
del primo albero sotto attacco,
un messaggio parte alla volta dei suoi vicini
che faranno lo stesso,
in poco tempo tutte le foglie saranno amare,
la predatrice dal collo lungo sarà scoraggiata e dopo
un breve antipasto proseguirà il suo cammino
andando a brucare altrove,
dopo averci ringraziato concimando le nostre radici.
Ai parassiti minuscoli rispondiamo con il profumo.
Lanciamo un allarme nell'aria,
una nuvola di oli essenziali,
al richiamo profumato
le coccinelle ghiotte di afidi rispondono numerose in
pochi minuti e liberano la pianta ospite nutrendosi dei
parassiti.

Ciascuno fa la sua parte in Gaia.
Ognuno rispetta la legge della natura.

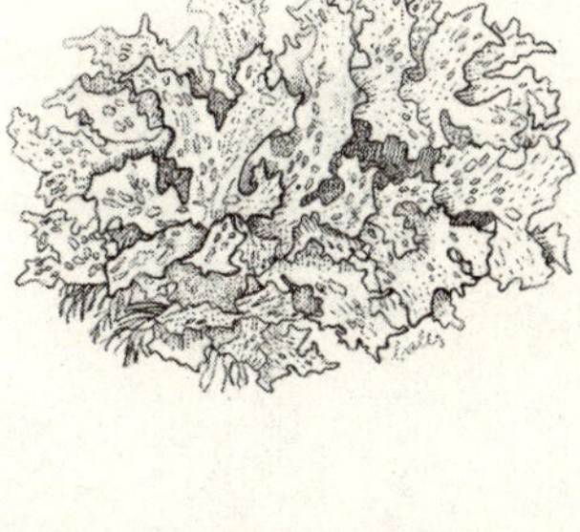

6

«Ragazzi, per favore, non mangiatevi tutte le crêpes! Le ho preparate per la nostra ospite.»

«È inutile, mamma, fatica sprecata, le ragazze sono tutte sempre a dieta, ieri sera non ha mangiato quasi nulla, non hai visto? Peccato sprecare questo ben di Dio per chi non apprezza...»

«Non dire stupidaggini sulle ragazze, lo sai che ciascuno di noi è diverso e ha i propri gusti, e poi ieri sera sono io che ho sbagliato, non avevo capito che era vegetariana, spero non vegana, ho messo le uova nell'impasto delle crêpes...»

«Tranqui, madre, a me piace tutto quello che cucini, me le porto in biblioteca per pranzo, oggi ho il turno di pomeriggio e non faccio in tempo a mangiare dopo le lezioni.»

«No, no, fermo lì, bello il mio intellettuale, tu te ne passi comodo da un'aula a una biblioteca, puoi anche prenderti un toast al bar dell'università, quante calorie vuoi che consumi il tuo cervellone? Io invece ho bisogno di energia per lavorare nel bosco otto ore, le prendo io le crêpes!»

«Luca, Benjamin, smettetela! È da quando eravate

piccoli che litigate per il cibo e vi ho detto mille volte che non mi piace. Sono stufa! Ce n'è per tutti, non vi è mai mancato nulla, e non c'è alcuna ragione per litigare davanti a una montagna di crêpes che basterebbe per una squadra di hockey.»

«Mamma, non ti preoccupare, ti dico una nuova parola, l'ho imparata ieri: *schermaglia*, bella, no? Non stiamo litigando, è solo un'elegante schermaglia tra gentiluomini...»

«Eccolo ancora, il saputello, senti, gentiluomo dei miei stivali, parla per te, intanto sono io che accompagno nostra sorella e la sua amica in giro tutto il giorno. Sempre che si decidano a scendere a colazione, io non posso arrivare in ritardo all'Arboretum.»

«Shh, eccole, non fatemi fare brutta figura, almeno il primo giorno, la poverina penserà di essere capitata in una famiglia disfunzionale.»

«E tu credi di nascondergielo a lungo...»

La cucina era avvolta dalla luce dorata del mattino, dalle finestre affacciate sul piccolo giardino a sud entravano i primi raggi di sole settembrino, che si posavano sulla tavola tonda su cui era imbandita una colazione da giorni di festa. I mobili in legno laccato giallo portavano i segni di varie riverniciature, il pavimento in cotto mostrava tutti i suoi secoli, ma li indossava con eleganza, sulle mensole campeggiavano piatti e tazze scompagnati, ma ben assortiti, insieme a vasi di vetro di varie dimensioni le cui etichette scritte a mano non sempre corrispondevano al contenuto. Sul piano d'acciaio, anche quello un po' ammaccato e parecchio usato, troneggiava un robot da cucina di un lezioso color azzurro evidentemente non recente. Niente era nuovo in quella cucina, ma l'insieme lasciava intendere che si trattava di una stanza vissuta e amata, ora riempita anche dall'odore di caffè, arance, burro fuso e pane tostato.

Dal piano di sopra si sentì rumore di passi e sulle scale apparvero due paia di piedi femminili entrambi scalzi.

«Wow, mamma, che profumino!» cinguettò Ris con un sorriso che riservava alle grandi occasioni.

La mamma sentì il cuore farle un tuffo in petto. *Allora la sua intuizione era giusta, aveva fatto bene a insistere perché Gaia partecipasse al programma di scambio.* Da quando era sola a prendere ogni decisione, si torturava con mille dubbi. Sapeva che i suoi figli sentivano la responsabilità di questa madre vedova e che avrebbe dovuto essere lei a spingerli fuori dal nido. In particolare la sua piccola, così speciale: aveva paura che crescere senza padre le facesse mancare qualcosa, non certo la presenza maschile, perché tra i suoi fratelli e quei colossi della squadra di hockey di Ben, la casa ne era sempre piena. Ma era questo, proprio questo, le sembrava che sua figlia si accontentasse di essere la mascotte di Luca e Benjamin e non cercasse compagnia tra le sue coetanee.

Quando le chiedeva se aveva voglia di uscire, rispondeva sempre: «Sì, dai, andiamo nel bosco». E aveva continuato ad arrampicarsi sugli alberi ogni volta che poteva, almeno fino a quando c'era ancora suo padre. Finché si era trattato di accettare di chiamarla con un altro nome, non si era preoccupata. In fondo a scuola le capitava sempre più spesso che qualche allievo volesse essere chiamato con un nome da ragazza e viceversa. All'inizio aveva pensato fosse una provocazione o una moda, poi aveva capito che per le nuove generazioni l'identità di genere non è scontata. Forse anche per sua figlia si trattava di questo? Non sarebbe stato un problema, ma non le sembrava la risposta. Gaia, cioè Ris, era serena, anche allegra, chiacchierona in casa. Ma non aveva mai avuto un'amica a dormire, fino a oggi.

E ora eccola scendere le scale in pigiama sorridente insieme a questa nuova ragazzina bionda, come fosse sua amica da sempre. Poi c'era questa cosa del nome, una coincidenza davvero strana.

Edme quel mattino ci aveva messo un po' a orientarsi. Aveva aperto gli occhi senza ricordare dove fosse. La sera prima era crollata come un sasso, le tante emozioni, il viaggio, arrivare nella nuova scuola, incontrare la classe dei loro corrispondenti, fare insieme il giro di Losanna, cercare di imparare i nomi dei nuovi compagni e dei loro professori in mezzo alla folla che si era riunita nella palestra.

L'accoglienza era stata calorosa, le famiglie avevano organizzato un buffet a scuola, ma alla fine lei era completamente frastornata ed era appena riuscita a spiccicare qualche parola di saluto in francese, la sua famiglia ospitante le era sembrata carina, si erano sforzati di parlare tedesco per metterla a suo agio, ma lei non era riuscita a toccare cibo. Ricordava solo di aver sorriso quando le avevano mostrato questa camera meravigliosa e di aver pensato: *Eccomi a casa*.

Le pareti della stanza di Ris erano ricoperte della più bella tappezzeria che avesse mai visto, non era semplicemente verde, non erano solo foglie, era come entrare nel fitto di una foresta vera. Sui quattro lati si rincorrevano alberi e cespugli a grandezza naturale, si vedevano quindi i tronchi che svettavano fino al soffitto dove le chiome si incontravano. Ma ogni parete raffigurava la stessa foresta in una stagione diversa e guardando in su da sdraiata sul letto, Edme si era addormentata sotto il ciclo delle stagioni, mentre Ris cercava di farle capire in francese il programma della giornata seguente.

7

«Allora, bimbe belle, ora che la mamma vi ha rimpinzate come due oche prima di Natale, il vostro Ben vi porta a smaltire un po' in mezzo alla natura. Spero che la nostra cara ospite apprezzerà e che la mia sorellina non la spaventi con le sue storie di alberi parlanti, ma soprattutto che non vi cacciate nei guai. Io devo prima partecipare alla riunione dello staff, poi ho avuto il permesso di portarvi con me mentre vado a controllare che i caprioli non abbiano saltato la rete del vivaio anche stanotte. Quindi ora vi depositerò al museo, non è grande ma sono sicuro che potrete intrattenervi almeno un'oretta in biblioteca. Non ve ne andate in giro finché non torno, sono io responsabile di voi, con il mio capo, ma soprattutto con il capo supremo: la mamma.»

«Hai finito? Guarda che tutte queste parole in un colpo da te sono strane, e stai tranquillo che ce ne staremo qui buone solo perché l'ho giurato alla mamma e perché tu, finalmente, hai promesso di farci fare il giro di tutti i vivai e del frutteto dell'Arboretum. È dovuta arrivare un'ospite da lontano perché tu ti decidessi a portarmici...»

«Senti, sorellina bella, io qui sto facendo il servizio

civile e il mio compito è fare manutenzione al frutteto e al vivaio, non il baby-sitter, ti va bene che il mercoledì qui è pieno di scuole in gita e sono riuscito a infilare anche voi, e ora andate, che altrimenti faccio tardi. Vengo a prendervi tra un'ora.»

Edme aveva assistito al battibecco tra Ris e suo fratello senza capire troppo, parlavano veloci, il suo livello di francese non le permetteva di cogliere tutto, e i segnali non verbali la confondevano ancora di più, sembrava che stessero litigando, ma col sorriso. Però da quello che aveva capito dalle spiegazioni di Ris della sera prima, questo posto doveva essere molto interessante, ma soprattutto la famiglia che l'aveva accolta si interessava agli alberi almeno quanto lei, e questa era una bellissima scoperta.

Le ragazze scesero dalla macchina, una vecchia 4x4 che rappresentava l'unico mezzo a motore della famiglia Durand e che i due fratelli si contendevano regolarmente, e si avviarono lungo un sentiero in piano che si dirigeva verso un grande chalet in legno su cui campeggiava la scritta: MUSÉE DU BOIS.

«Vedrai, questo posto è bellissimo, io c'ero venuta in gita con la scuola da piccola, poi non è più successo, qui c'è un biglietto da pagare per vedere gli alberi, dicono i miei fratelli che altrove possiamo vederne di bellissimi gratis e un po' è vero, nella mia foresta preferita a Risoux ce ne sono di enormi, ma qui hanno ricostruito habitat di piante che vengono da lontanissimo, fin dal Giappone, e quando mi capiterà mai di andare in un bosco giapponese... ma, scusa, parlo troppo veloce? Riesci a capirmi?»

«Ecco, un po', hai detto che qui ci sono alberi che vengono dal Giappone? Sono in questo museo?»

«No, il museo l'hanno fatto prima, quando hanno aperto l'Arboretum le piante erano ancora minuscole e per molti c'era poco da vedere, allora per attirare i visitatori hanno pensato di fare un museo del legno, anche se io avrei preferito vedere un asilo nido di piante, ma non ero ancora nata... Ops, scusa, ho di nuovo parlato troppo... per rispondere alla tua domanda, gli alberi giapponesi sono più avanti, là sulla montagna, pare che qui si siano trovati benissimo, che il clima sia molto simile alla loro isola, e sono cresciuti un sacco. Poi se vuoi chiediamo a mio fratello di portarci a vederli, andrei anche subito, ma purtroppo non abbiamo il permesso di girare da sole...»

«Sì, mi piacerebbe vederli.»

«Bene, allora cosa ne dici se mentre aspettiamo Ben diamo un'occhiata alla biblioteca? Magari ci sono anche dei libri in tedesco e mi puoi aiutare, io vorrei trovare qualcosa sul linguaggio degli alberi...»

Ris aveva pronunciato l'ultima frase con un tono interrogativo, che più che altro si rivolgeva a Gaia. La sua ospite era di poche parole, ma da quelle poche e da quello che si erano scritte nei mesi precedenti, aveva capito che gli alberi erano una passione comune. Mentre si mandavano lettere, tramite le loro insegnanti, per prepararsi a questa settimana di scambio, in Ris era sbocciata la speranza di aver trovato finalmente un'amica con cui condividere il suo segreto e ora stava tastando il terreno in attesa del momento giusto.

«Linguaggio degli alberi? Mi interessa, molto.»

Tagliare e sradicare

è diventato un'abitudine umana.
Più veloci di quanto noi ricostruiamo.
Abbattono, segano, bruciano, non c'è scampo alla loro furia neanche per gli animali con le gambe.

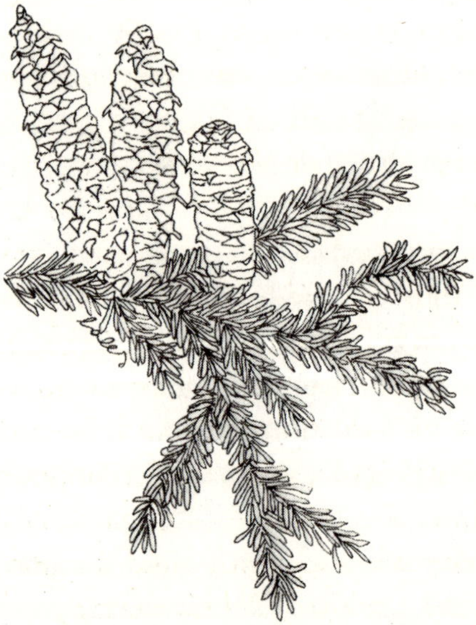

8

«Buongiorno, scusi, noi cercheremmo dei libri sul linguaggio delle piante, ne avete?»

«Ah, ma deve essere proprio una moda, non abbiamo moltissimo, la nostra non è proprio una biblioteca di biologia vegetale, per quello dovete andare all'università, ma almeno siete in buona compagnia, altre due ragazze mi hanno appena chiesto la stessa cosa. Mi raccomando, abbiamo aperto eccezionalmente la biblioteca alle classi, ma non è previsto il prestito e non è in libero accesso, la mia collega vi mostrerà i libri che potrebbero interessarvi e potrete guardarli su quel tavolo vicino alle finestre, ma poi li dovrete restituire.»

Derb e Fing ringraziarono la bibliotecaria e si guardarono intorno con aria interrogativa. Chi potevano mai essere le altre due ragazze che si erano avventurate in biblioteca in questa bella giornata?

Edme e Ris erano davanti a uno scaffale e guardavano la mensola con l'etichetta LINGUAGGIO DEI FIORI con aria delusa. O almeno Ris aveva l'espressione infastidita e Edme la imitava per solidarietà.

«Tu non hai trovato quello che cercavi?» chiese Edme.

«Assolutamente no!»

«E cosa cercavi?»

«Oh, è una lunga storia, nessuno a parte la mia famiglia lo sa, ma tu sai tenere un segreto?»

«Tenere un segreto? Vuol dire stare zitta?»

«Be', sì, vuol dire che io ti dico una cosa e tu non la dici ad altre persone, ok?»

«Va bene. Così fanno le amiche.»

Ris la guardò per un secondo e nel tempo che le parole impiegarono a raggiungere il suo cuore, la sua espressione scocciata si trasformò nel più grande dei sorrisi. Un'amica. Edme aveva detto che erano amiche. E aveva già dormito a casa sua, quindi effettivamente potevano proprio dirsi amiche. E alle amiche si confidano i segreti. E così prese il fiato come per fare un tuffo e disse tutto filato: «Io sento gli alberi parlare!».

Fing e Derb erano arrivate in quel momento in fondo alla fila di scaffali dietro cui si trovavano Edme e Ris, giusto in tempo per sentire la frase di quest'ultima, convinta che la biblioteca fosse vuota, e che quindi l'aveva pronunciata sull'onda dell'entusiasmo a voce un po' alta.

Derb e Fing si fermarono con gli occhi spalancati e si guardarono come allo specchio, chi aveva dato voce alle parole che entrambe da qualche ora esitavano a pronunciare aspettando il momento giusto?

Chi conosceva il loro segreto? Ma soprattutto, esisteva qualcun'altra con il loro dono? Ma come era possibile che loro due si fossero incontrate per la prima volta quella mattina sul treno, da tre ore stessero tastando il terreno, sperando di potersi confidare con questa nuova amica che sembrava tanto appassionata di natura, si stavano avvicinando a piccoli passi a rivelare l'un l'altra il loro segreto più speciale, sperando che l'altra capisse... e ora dietro questo muro di libri una terza voce formulava esattamente quelle parole: *Io sento gli alberi parlare*.

E una quarta, dal forte accento tedesco, rispondeva: «Anch'io».

Eravamo una e gli umani erano in noi

La leggenda ne reca il ricordo,
la versione trascritta da mani umane
narra di Dafne fattasi alloro,
di Narciso e Syrinx.

Poi li ha presi la furia della velocità,
oggi corrono soli,
distruggendo ciò che li rallenta.

Per tagliare il loro cordone,
hanno sbriciolato la nostra rete.
Non possiamo permetterlo.
Noi eravamo prima, noi saremo dopo.

9

Le quattro Gaia si guardavano in silenzio già da qualche minuto, ma questo non era strano per nessuna di loro. Abituate a comunicare con le foreste, stavano usando altri sensi.

Il sole mattutino entrando dalle finestre disegnava ombre piccole sulle grandi assi di legno del pavimento, consumate dal tempo; l'equinozio d'autunno era vicino e il suo percorso era quello perfetto dei libri di scuola, un arco est-ovest, ma a questa latitudine un po' sbilanciato verso sud, come se si tenesse pronto ad andarsene in vacanza nei mari caldi, scomparendo dietro l'orizzonte delle montagne.

E lì in quella stanza di legno, piena di libri di carta che raccoglievano parole sugli alberi, il tempo pareva essersi impigliato in un calendario che non era fatto di minuti, ore, giorni, settimane e non si misurava con l'orologio.

Un tempo rarefatto, regolato dai cicli del sole e della terra, prima che gli umani li chiamassero stagioni.

In cui odori e rumori erano quelli di un ramo che cresce o si spezza, di una foglia che si apre verso la luce finché serve e poi plana al suolo per restituire la sua vita alle radici.

Al centro, loro quattro si guardavano senza che nessuna osasse aprire bocca.

Non era ancora necessario. Era chiaro a tutte che il loro incontro di oggi, lì in quel luogo, in questo preciso momento, faceva parte di un disegno più grande, coincidenza, destino, lo avrebbero scoperto.

A quattordici anni capita di non avere tutte le parole che servono per esprimere le emozioni nuove, c'è chi si affretta a riempire il silenzio di stupidaggini, chi cerca una vittima da bullizzare per distogliere l'attenzione dal suo disagio, chi rimane prigioniero del proprio silenzio, abbassa lo sguardo, sprofonda in un imbarazzo senza fondo.

Ma non era questo il loro caso. Il silenzio che abitava quella biblioteca era pieno di colori e profumi e anche di quei rumori che lo abitano, il silenzio. Quattro cuori che battono all'unisono, quattro respiri che si accordano.

Fing, Ris, Edme e Derb si stavano riconoscendo.

Sospese tra loro, cinque parole: *Io parlo con gli alberi.*

Non contava più chi le avesse pronunciate, tutte e quattro le avevano riconosciute, ci si erano riconosciute. E questa era una scoperta che meritava un momento di ascolto.

Il segreto di ciascuna era il segreto di tutte.

Eccole lì, quattro ragazzine, molto diverse tra loro, ma con lo stesso dono speciale. Un bosso, una betulla, un larice, una piccola quercia.

Si guardavano in cerchio, come in un gioco di specchi, il fisico un po' squadrato di Derb e i suoi capelli neri cortissimi, accanto a quello minuto di Fing con i suoi incredibili capelli verdi, l'altezza svettante di Edme e la sua treccia biondissima lungo la schiena, la testa di ricci scuri di Ris. Un bosso, una betulla, un larice, una quercia.

Ai tempi del grande letargo

ci siamo ritirati sotto una coltre di neve e ghiaccio.
Possiamo farlo di nuovo.
Tornare alle radici.
Giusto il tempo di liberare Gaia
dalle macchine disboscatrici.
Rammendare la rete.
Potrebbe bastare un secolo,
ma anche un millennio non è un tempo lungo per noi.
Eravamo prima, saremo dopo.

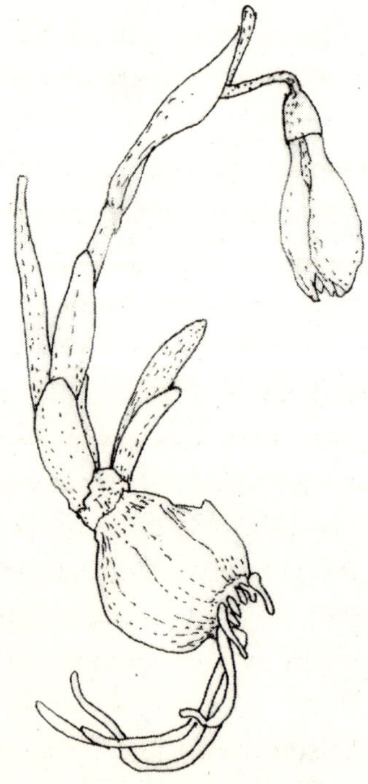

10

Fu naturalmente Ris a rompere il silenzio.

«Che facciamo?»

«Scusa?» domandò Derb stupita dalla domanda, mentre Fing e Edme si riscuotevano da quel momento di percezione alterata, come risvegliandosi da un sogno.

«Be', mi sembra evidente che il nostro incontro non è un caso, cosa facciamo ora?» chiese nuovamente Ris con entusiasmo. Era dalla sera prima, anzi precisamente dall'incontro con Edme, che si sentiva animata da una nuova energia, tipo la vigilia di Natale, ma senza sapere di quale vigilia si trattasse, cosa sarebbe successo, ora sentiva che il momento era quello, loro quattro in quella stanza.

«Potremmo cominciare col presentarci, io sono Derb, piacere, vivo a Sion con il mio gemello Constantin e i nostri genitori, sono in gita con la mia classe, insieme a quella di Fing, che invece vive a Sierre, ma le nostre prof sono amiche...» Ris annuì sorridendo alla parlantina di Derb, aveva già trovato un punto in comune tra loro, la sua voce danzava come l'acqua di un torrente di montagna. Edme stentava a seguire la conversazione in francese, mentre Fing sembrava ancora nel mondo dei sogni.

«Piacere mio, io sono Ris, abito qui vicino, a Aubonne, lei è Edme, è ospite da me per una settimana di scambio linguistico, la sua prima lingua è il tedesco, ma se non parliamo troppo veloce capisce anche il francese. Oggi ci ha accompagnate mio fratello Ben che sta facendo il servizio civile qui all'Arboretum, ha promesso di portarci a vedere il vivaio, volete venire?»

La domanda rimase sospesa nell'aria come sostenuta da tutte le altre domande non espresse: *Ma davvero anche voi sentite gli alberi? Ma com'è possibile che ci siamo incontrate qui tutte e quattro? Cosa vorrà dire? Cosa dobbiamo fare?*

Intervenne Fing con voce trasognata: «Io non credo che abbiamo il permesso di allontanarci, fra poco partiamo per il giro nella foresta con la guida...».

«Già, sì, è vero, abbiamo un programma preciso al minuto: camminata con la guida che ci mostra gli alberi dalle varie parti del mondo, a mezzogiorno picnic tutti insieme, poi riscendiamo qui e prendiamo il bus per la stazione, treno-treno e siamo a scuola per le cinque.»

«Ma non è possibile, noi dobbiamo capire.»

Era stata Edme a parlare e il suo accento tedesco rendeva l'affermazione ancora più perentoria: non potevano separarsi subito, avevano troppe cose da dirsi.

«Ha ragione, sentite, cosa ne dite se chiedo a mio fratello di ritardare la visita al vivaio e voi chiedete alle vostre prof se possiamo unirci alla vostra passeggiata? Cammineremmo insieme in una foresta...»

Le quattro ragazze si avviarono in coda al gruppo, combattute tra la curiosità di sentire cosa la guida stava raccontando sul parco botanico, e l'urgenza di appartarsi per condividere fino in fondo i loro segreti. Vinse la seconda e riuscirono a mettere tra loro e il gruppo quel tanto di distanza da essere viste dalle insegnanti, ma non sentite dai compagni.

Un sentiero largo e comodo si inoltrava in una foresta lussureggiante e talmente ben tenuta da sembrare tirata a lucido per una cartolina.

Fing lo notò subito: «Vi sembrano normali questi alberi? Io non li sento».

«No, non li sento neanche io, hai ragione, e poi sono troppo pettinati, sembrano addomesticati» rispose Derb.

«Ma voi li sentite sempre? Cioè, comunicate con qualsiasi pianta?» chiese Ris.

«Io ho il nome del mia foresta» intervenne Edme.

«Come, scusa? Anche tu? Io mi chiamo Derb, da Derborence, la mia foresta, in verità io mi chiamerei...»

«Gaia!»

Rispose un coro di quattro voci incredule.

Senza rete siamo tutti in pericolo

Fragili, esposti ai venti.
Collaboriamo dalle origini,
loro trasportano i nostri semi,
scrollano le nostre foglie,
carezzano i nostri rami,
pettinano le nostre chiome,
noi li riempiamo di profumi,
rallentiamo la loro corsa facendone un gioco.

Ma senza rete il gioco diventa guerra ad armi impari.
Eolo da solo non controlla i suoi figli.
Senza rete prendono velocità
lungo il fianco spoglio delle montagne,
si lanciano all'impazzata sulla superficie degli oceani,
sollevano onde che non sanno cavalcare
e le scaricano sulla costa spazzando tutto ciò che
incontrano; accumulando potenza e velocità
si abbattono sui brandelli di bosco,
sollevandolo in cielo e schiantandolo a terra.

11

«No, scusate, stiamo dicendo che tutte e quattro ci chiamiamo Gaia? E che tutte abbiamo scelto di chiamarci come una foresta? Lo sapete che se la raccontiamo in giro ci prendono per matte?» Le parole di Derb avevano reso reale quella verità incredibile appena scoperta.

«Be', sì, però è una cosa pazzesca, bellissima, cioè, non è più una coincidenza, è qualcosa di magico, ma... com'è possibile? Cosa vorrà dire?» Ris dava voce ai suoi pensieri con la rapidità con cui le rimbalzavano in testa.

«Se ci siamo incontrate c'è un motivo...» aggiunse Fing con il suo tono soave e ancora un po' trasognato.

Lo sguardo di Edme passava dall'una all'altra cercando nello stesso tempo di assicurarsi di aver capito tutto e di trovare le parole francesi per esprimere il proprio pensiero: *das ist verrückt*! Roba da matti!

Mentre parlavano, le ragazze si erano distaccate ancor di più dal resto del gruppo, che nel frattempo aveva raggiunto il limitare del bosco e stava sparpagliandosi intorno alla guida su una radura soleggiata inclinata verso sud. Anna Rochat le richiamò all'ordine: «Ragazze! Forza, vi stiamo aspettando! La guida sta per iniziare la sua lezione sugli alberi».

Non poterono evitare di accelerare il passo e di mettersi anche loro sedute sul prato intorno alla giovane vestita da guardia forestale che li aveva accompagnati fino a lì: «Ragazzi e ragazze, benvenuti all'Arboretum, ve lo avevo già detto, ma da questa posizione potete veramente abbracciarlo con gli occhi e rendervi conto di cosa stiamo parlando. L'Arboretum di Aubonne è un parco botanico unico in Svizzera, raccoglie tremila specie di piante provenienti da tutte le zone temperate della Terra, ovvero tutte quelle specie che possono acclimatarsi nella nostra regione. È stato creato nel 1968 e si estende su una superficie di centotrenta ettari all'interno di un'area di foreste e campi di duecento ettari. Quelli che vedete da qui sono i circa quattromila alberi piantati negli ultimi cinquant'anni e raggruppati per essenza. Tra di essi potrete ammirare la ricostruzione dell'ambiente forestale del Nord-ovest degli Stati Uniti e del Giappone, mentre là in fondo alla valle c'è il frutteto che ha recuperato cultivar antichi a rischio estinzione. Lo scopo del parco è nello stesso tempo scientifico e educativo: far conoscere e amare gli alberi».

La giovane guida terminò il suo discorso pieno di entusiasmo, si vedeva che amava il suo lavoro, ma il suo pubblico non lo seguiva con lo stesso trasporto. Gli studenti erano sparsi sul prato in piccoli gruppi, chiacchieravano sottovoce, si guardavano in giro e soltanto il rispetto per le loro insegnanti impediva che si disperdessero a passeggio. Solo le quattro Gaia si erano bevute avidamente ogni parola, senza muovere un muscolo. Erano sedute letteralmente ai piedi della ragazza e quando lei chiese: «Ci sono domande?» la mano di Fing si alzò verso il cielo, e il cuore della sua insegnante fece una capriola d'entusiasmo per essere riuscita a coinvolgere la sua allieva più riservata.

«Mi scusi, ma quindi questo è uno zoo di alberi?»

«Be', in effetti, se ci si pensa bene, hai ragione, sì, è un po' come un giardino zoologico.»

«Ma gli alberi sono felici?»

La domanda di Fing lasciò interdetta la guida, che amava talmente ciò che faceva da essere certa che fosse per il meglio del pianeta, ma non si era mai posta la questione della felicità degli alberi. Questa ragazzina dai capelli incredibili era davvero affascinante e le apriva sguardi inconsueti. Provò a rispondere: «Le mie competenze non mi permettono di risponderti con certezza, quello che ho studiato mi consente di vedere che qui tutti gli alberi crescono bene e sono accuditi, se si ammalano per un parassita o per qualche infezione, le guardie forestali intervengono per curarli. Quando l'Arboretum è stato fondato e fino a poco tempo fa era l'unica cosa a cui si faceva attenzione, credevamo anche che la cosa più importante fosse preservare dall'estinzione il maggior numero di specie possibile. Effettivamente assomiglia a ciò che fanno gli zoo. Però so anche che le ricerche, nelle università, stanno facendo enormi progressi nello studio della comunicazione tra le piante, esiste una materia che si chiama neurobiologia vegetale, io non sono una superesperta, ma so che all'Università di Losanna ci sono persone che lavorano su questo. E anche che organizzano delle giornate a *portes ouvertes* per le scuole, forse lì sapranno rispondere alle tue domande».

Anna Rochat e Amélie Aubry si scambiarono uno sguardo d'intesa, ora sapevano quale sarebbe stata la meta della loro prossima gita di classe.

Fing non sembrava interamente soddisfatta della risposta. La guida intercettò il suo sguardo e le chiese: «Qualcosa ti fa pensare che questi alberi non siano felici?».

Fing stava per rispondere che non li sentiva cantare, ma un rapido scambio di sguardi con le sue nuovissime amiche, e il loro colpo d'occhio in direzione del resto dei compagni poco lontani, la fece desistere, il loro segreto stava ancora meglio tra loro.

«No, no» disse invece «qui è tutto molto bello. Grazie della visita.»

E questo fu per le insegnanti il segnale che era ora di radunare le loro pecorelle e iniziare la discesa verso il pullman per riuscire a prendere tutte le coincidenze verso casa.

Le quattro ragazze si resero conto che si erano appena trovate ed era già ora di separarsi.

«Allora, ragazze, prima che ci separiamo, dobbiamo trovare un modo per rimanere in contatto e rivederci al più presto. Voi avete un telefono? Io no, ma nel fine settimana la sera ho il permesso di usare quello di mia mamma. Con Edme ci siamo conosciute su Teams dal computer» iniziò Ris.

«Io ho un telefonino» rispose Edme.

«Io no, ma durante il confinamento ci hanno comprato un tablet che divido con mio fratello» aggiunse Derb.

«Io uso il computer del bar dove lavora mia mamma,

mi avevano prestato un tablet della scuola per la didattica a distanza, ma l'ho restituito. Non mi interessava molto lo schermo, ma forse posso chiederlo in regalo per Natale» intervenne Fing.

«Diamoci un appuntamento, prima che riparta Edme, possiamo fare una videochiamata venerdì? A che ora uscite da scuola?» Ris parlava più rapidamente del solito per paura di non fare in tempo ad accordarsi.

«Alle 16.40. Potremmo sentirci per le 18?» propose Derb.

«Bene, allora scrivetevi il numero di Edme, tanto venerdì sarà ancora a casa mia. Poi voi avete tempo in treno per scambiarveli e ci mandate un messaggio per organizzarci. Venerdì alle 18, ci contiamo!»

Senza rete siamo foglie nella tempesta

Deboli, vittime delle acque.
Acqua fonte di ogni vita,
acqua che ci nutre,
salendo dalle profondità fino al cielo,
su di lei navigano i nostri frutti,
lei trasporta i nostri segnali.

Noi la filtriamo,
bevendola e restituendola al cielo
in milioni di goccioline;
la tratteniamo al suolo nelle nostre radici,
ne rallentiamo la corsa da monte
rendendola alla valle poco alla volta,
in ruscelli cristallini.

Ma senza rete non c'è filtro e non c'è freno.
Tumultuosa scende dalla vetta rocciosa,
trascinando con sé vita e morte,
terra che diventa fango,
sasso che diventa frana.

E se ne va nelle profondità del sottosuolo,
prima sommergendo,
poi abbandonando al deserto.

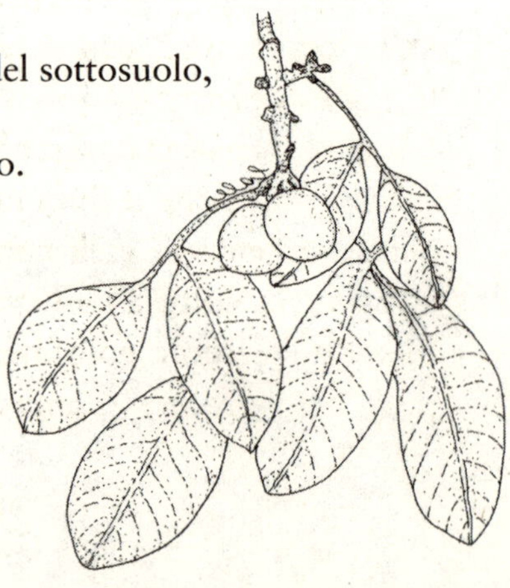

12

Il silenzio abitava la classe forse per la prima volta, dall'inizio dell'anno scolastico.

Di solito anche durante i test era tutto un tamburellare di dita sul banco, ticchettare di matite, sfregare di gomme come se non ci fosse un domani, bisbigliare: «Hai un cancellino/foglio/penna/fazzoletto?».

Oggi invece ciascuno era chino sul proprio foglio, matite e pennarelli danzavano sulla carta, alcuni allegramente, altri con impeto forsennato, tutti con entusiasmo.

La consegna dell'insegnante era semplice: *Descrivi a parole o con un disegno la Terra come la vorresti per il tuo futuro. Immagina poi qualcosa che possiamo fare da subito a scuola per realizzarla.*

Amélie Aubry sperava che la gita del giorno prima nella foresta dell'Arboretum avesse ispirato i suoi allievi e aveva promesso loro che anche se si trattava di un disegno, questo test avrebbe avuto un voto esattamente come le verifiche a domande. Sembrava essere riuscita nel suo intento di farli impegnare a fondo.

Uno alla volta gli allievi le consegnarono fogli pieni di scritte e frecce colorate. Sbirciò qualcuna delle loro proposte, *sprecare meno carta, mangiare prodotti loca-*

li... Avrebbe letto con calma tutti i compiti, sapeva di non dover far notare il proprio sguardo curioso, l'insegnante è giudice imparziale e distaccato e la correzione un momento solenne, ma la verità era che a leggere i testi dei suoi ragazzi lei si divertiva tantissimo.

Finalmente anche Gaia Giraud si avvicinò alla cattedra.

Ormai Amélie si era abituata a chiamarla Fing.

Ogni inizio d'anno, quando doveva distribuire il foglio con i dati personali perché gli allievi li controllassero, ci aggiungeva la colonna *soprannome*. Era la formula più neutra che aveva trovato per permettere loro di scegliere come volevano essere chiamati a scuola.

Di solito le scrivevano diminutivi dei loro nomi, ma quando un Lucas aveva chiesto di essere chiamato Lucie, la professoressa aveva capito di aver imboccato la strada giusta. Poi era arrivata questa ragazzina misteriosa con i capelli verdi e il nome di una foresta.

I fogli che Fing depositò sulla cattedra erano increspati e talmente impregnati che il colore passava da una parte all'altra, e Amélie ancora una volta non resistette a sbirciare e non poté trattenere un'espressione di meraviglia quando si trovò sotto gli occhi il più bel disegno di una foresta che avesse mai visto.

Ogni dettaglio era nello stesso tempo realistico e fantastico. Ciascun albero, pianta, arbusto, sembrava avere una propria personalità, senza però essere antropomorfizzato come spesso lo erano i disegni dei suoi alunni. Ogni centimetro del foglio era coperto dai tratti appassionati e precisi dell'autrice.

La cosa più impressionante era proprio quell'insieme di spontaneità e accuratezza, l'artista, perché senza dubbio si trattava di una giovane artista, aveva disegnato non solo qualcosa che conosceva bene, ma che di certo amava molto. Usando tutti i colori a sua disposizione aveva disegnato il mondo in cui voleva crescere, ed era popolato solo da alberi.

«Benissimo, ragazzi, grazie mille per i vostri lavori, ve li renderò la settimana prossima con le mie osservazioni e potremo parlarne insieme. Ora invece vorrei raccontarvi una storia davvero divertente, anche se non molto lusinghiera per il genere umano e la categoria degli scienziati.

«È la storia della *Dionaea muscipula*, la prima pianta carnivora scoperta dai botanici nel lontano 1700. Per la precisione nel 1760 un signore scozzese, governatore della colonia americana del Nord Carolina, scriveva a un importante botanico inglese, Peter Collinson, una lettera in cui descriveva questa nuova, meravigliosa pianta capace di acchiappare le mosche. Il signor Collinson si fece mandare dei campioni e immaginate come a quell'epoca non fosse facile far attraversare l'oceano Atlantico a una pianta. Una volta arrivati in Europa i campioni furono dati da esaminare a John Ellis, studioso membro della Royal Society che era in contatto con Carlo Linneo, il medico, botanico e accademico svedese che ha inventato la classificazione scientifica che utilizziamo ancora oggi quando usiamo il nome latino di una specie. Insomma, due signori molto importanti e ascoltati ai loro tempi. Che però, pensate un po', si misero a litigare. Cioè, non è che proprio si presero a male parole. Ma secondo Ellis non c'era alcun dubbio che la pianta… cacciasse! Secondo Linneo invece non era possibile parlare di caccia o di strategie, ma semplicemente di risposta automatica della pianta quando veniva toccata, e quando due scienziati non sono d'accordo se la cantano a suon di lettere e articoli.

«Ma per capire meglio di cosa stiamo parlando ecco un'immagine della nostra dionea: intanto guardate bene queste foglie accoppiate con queste spine, sono verdi fuori e rosso scuro dentro, a voi cosa sembrano?»

«Delle bocche!!!»

«Sono proprio d'accordo! Dovete sapere che il colore è dato da molte piccolissime ghiandole rosse che rivestono la superficie interna della foglia e che secernono una sostanza dolce che attira le mosche. Appena le zampe dell'insetto toccano la foglia, le due parti si alzano, chiudendo la fila di spine, e stringono la preda finché non muore. Anzi, per accelerarne la fine, al centro di ciascuno dei due lobi della foglia si trovano tre spine che infilzano l'animale.»

«Wow! Ma è peggio della tagliola di un bracconiere!»

«Eh, già. Ma secondo voi, davanti a degli indizi così evidenti, perché i due scienziati non riuscivano a mettersi d'accordo sul fatto che si trattasse di una pianta cacciatrice e quindi carnivora?»

«Perché erano maschi?»

«Ah, ah, simpatica...»

«Be', Eva, grazie per il tuo intervento, forse non hai torto, ma all'epoca quasi tutti gli scienziati erano uomini, magari la prossima volta ci occuperemo anche di questo tema, sicuramente importante. Ma ora non è la risposta che ci interessa. Riformulo la domanda. Perché secondo voi Linneo, che era uno dei più importanti studiosi dei suoi tempi, anzi di tutti i tempi, non ha voluto definire la dionea *pianta carnivora*?»

«Per non spaventare le persone?»

«Buona risposta, ci stiamo avvicinando. Vedete, all'epoca di Linneo tutta la comunità scientifica aveva accettato l'idea che esistesse un "ordine della natura", che era stato definito da Dio durante la creazione. In questo ordine l'essere umano, ancora di più l'uomo, era ritenuto superiore a tutti gli altri esseri viventi, in quanto dotato di intelligenza. Dopo di lui venivano gli animali, considerati via via più evoluti quanto più assomigliavano agli umani. Quindi dire che una pianta è carnivora...»

«Voleva dire riconoscere che è intelligente!»

«E brava Fing! Esattamente così. Per Linneo e i suoi colleghi era più importante confermare la superiorità degli umani sugli animali e degli animali sulle piante che credere a ciò che avevano davanti agli occhi. Piuttosto che ammettere l'esistenza di una pianta in grado di cacciare un animale, si inventarono le spiegazioni più assurde, negando l'evidenza anche quando si vide che se le foglie della dionea catturavano per errore qualcosa di non commestibile, si riaprivano poco dopo.»

«E come facciamo oggi a sapere come funziona?»

«Be', abbiamo dovuto aspettare più di cento anni, finché un signore di nome Charles Darwin, nel 1875, pubblicò un libro che si chiamava *Le piante insettivore*. Anche se ancora una volta non avevano osato usare l'aggettivo *carnivore* per delle piante, pur avendo già scoperto che esistono piante in grado di catturare e digerire persino topi e lucertole.»

DRIIIIN.

«Ops, non ho visto l'ora, direi che è cominciata la ricreazione. Finiremo un'altra volta.»

13

«Ehilà, ragazze, bentornate! Com'è andata la giornata a scuola? Venite in cucina, ho preparato un dolce per merenda...»

«Grazie, mamma, tutto bene, ma veramente noi avremmo un appuntamento al telefono... ti ricordi che te lo avevo detto?»

«Ah sì, certo, con quelle ragazze che avete conosciuto all'Arboretum.» Nell'ultima settimana sua figlia era passata da non avere altri amici che i suoi fratelli a chiudersi in camera con Edme per parlare con due ragazzine che lei non aveva neanche sentito nominare. La cosa le faceva piacere, ma non era di certo intenzionata a perdere del tutto il controllo della situazione. «Però prima fate merenda, almeno una fetta di torta, poi vorrei sapere com'è andata questa settimana per Edme, domani riparte e magari c'è ancora qualcosa che vorrebbe fare o vedere...»

«Grazie, Ma', possiamo portarci una fetta di torta di sopra? Prometto che non facciamo briciole. E poi dopo la chiamata scendiamo ad aiutarti in cucina, eh, mammina?»

Marie-Hélène Etienne sollevò le sopracciglia e inquadrò sua figlia con uno sguardo interrogativo, *mammina* e l'aiuto volontario in cucina erano due assi in un colpo solo, ne calò uno anche lei: «Magari la settimana prossima potremmo andare a trovare queste nuove amiche. Facciamo una gita, mi hai detto che abitano in Vallese?».

Ris si fermò con la fetta di torta a mezz'aria... sua madre l'aveva colta di sorpresa.

«Mah, veramente noi ci stavamo organizzando... volevo chiederti... posso andare sabato prossimo all'Università di Losanna? C'è la giornata Porte Aperte all'UniL e noi vorremmo darci appuntamento lì, Edme non potrà esserci, ma le racconteremo tutto.»

Alla parola *università* il viso della mamma si illuminò a festa, non poteva chiedere niente di più che vedere la sua ultima e unica figlia andare all'università e magari restarci, come avrebbe voluto fare lei, ma ai suoi tempi non era facile per una ragazza.

«All'UniL, ma certo, volentieri, ti accompagno, raccontami tutto!»

«Mamma! Non adesso!»

E le due ragazzine si avviarono sgambettando su per le scale.

Senza rete ardiamo sotto il sole

Luce che governa il tempo delle stagioni,
energia che alimenta il nostro lavoro.
Con l'energia del sole,
mutiamo il minerale in cibo,
ossigeno, sostegno per tutta Gaia.

Noi lo filtriamo e lo rinfreschiamo,
trasformiamo in vita il suo calore.
Lo tratteniamo tra le nostre chiome
e liberiamo l'aria più fresca e profumata.

Ma senza rete siamo piccola cosa
dinnanzi alla sua maestà.
I boschi bruciano senza la foresta.
L'aria si riscalda, i ghiacci fondono.

14

Quando ebbe chiuso la porta alle sue spalle, Ris appoggiò il piatto con le due fette di torta sulla scrivania e si tuffò di schiena sul letto. Edme, più composta, si sedette sul bordo.

«Edme, senti, ma tu ti ricordi la prima volta che hai sentito gli alberi?»

«Mah, non so. Difficile dire una prima volta. Io prima vivevo a Lucerna e mi ricordo che avevo paura dei rumori forti. Mi hanno portata da molti dottori da piccola. Poi una volta abbiamo fatto una vacanza in questo villaggio, era un albergo di piccole case e abbiamo fatto un viaggio con la slitta dei cani...»

«I cani?»

«Sì, cani husky, ero piccola, ma ricordo la mia felicità e quando siamo tornati mia madre aveva mio fratello in pancia e ha deciso che voleva trasferirsi in quel villaggio. Allora abbiamo provato l'estate a stare per un mese e io ho conosciuto la foresta di Boedmeren e ho riconosciuto la sua voce. Abbiamo trovato uno chalet e siamo rimasti, mio padre però lavora a Lucerna.»

«E come facevate?»

«Tre giorni lui scendeva a Lucerna, e gli altri lavorava a distanza, come diciamo tutti ormai. Così quando hanno chiuso tutti, lui era pronto.»

«E come avete fatto durante il confinamento? Com'era lì in alto?»

«Bello. Papà non doveva più andare al lavoro, ha portato il computer e una nuova antenna. Andavamo tutti insieme tanto nei boschi. La mamma era preoccupata per il virus, ma felice perché eravamo tutti insieme. Mio fratello è un po' sordo e non è facile per la mamma, ma dice che non sarebbe meglio in città.»

Ris non capiva sempre tutto quello che Edme provava a dire in francese, ma lei non sarebbe stata più brava a capire il tedesco, quindi si accontentava delle informazioni che riusciva a cogliere, tipo che il fratellino di Edme aveva un problema alle orecchie. Ormai le parole non erano più indispensabili tra loro. Quel momento all'Arboretum, quando avevano incontrato Fing e Derb, aveva cambiato tutto. Loro erano le Gaia degli alberi. Ora si trattava di capire cosa voleva dire questo loro dono, cosa potevano farsene?

Lo squillo del telefono di Edme riscosse Ris dai suoi pensieri. Era ancora presto, ma magari anche le altre avevano fretta di parlarsi.

«*Ja, hallo, Mutti, ja*, tutto bene, *ja*, adesso non posso parlare, *ja*, a domani.»

«Era tua mamma? Tutto bene?»

«Sì, sì, voleva dire che viene a prendermi anche lei a Lucerna e andiamo a mangiare dai nonni.»

«Bene. Cosa dici se proviamo a chiamare noi?»

«Sì, bene, ma tu quando hai sentito gli alberi?»

«Be', io da piccola andavo spesso nel bosco con il

mio papà. Lui viaggiava tanto per lavoro, ma quando era a casa stava sempre con noi e se la mamma doveva lavorare, correggere dei compiti, ci portava fuori dai piedi, nella foresta. Io per tanto tempo ho creduto che anche lui sentisse gli alberi come me, che ci andassimo per quello. Poi un giorno gliel'ho detto, e lui era molto fiero di me, mi ha dato una grande soddisfazione, ma mi ha anche detto che quello era il nostro segreto. Forse aveva paura che mi prendessero in giro. Io però ero felice di avere un segreto con lui e quando è morto io sono tornata sempre nel bosco sperando di sentire la sua voce. Poi ho capito che era la foresta. Ma tu credi che ci stia mandando un messaggio? Io sento come delle storie delle stagioni, mi sembravano delle vecchie fiabe. Credevo che volessero ricordarmi che gli alberi sono qui da prima di noi. Ma ora non so.»

«Pure io sento storie antiche, ma anche pericolo. Ma gli alberi di Arboretum non dicevano storie.»

«Vero! Neanche io li ho sentiti.»

Il telefono di Edme suonò ancora, stavolta apparve il nome di Derb e la richiesta di connettersi alla videocamera. Richiesta accettata all'istante.

«Ehi, ciao! Ci siete tutte e due?»

«Noi sì, e voi? Non vediamo Fing.»

«Sta arrivando, mi ha scritto che doveva farsi prestare un telefono con la videocamera.»

Ed ecco arrivare la richiesta di accesso alla videochiamata e subito dopo l'inconfondibile testa di capelli verdi fare capolino nell'angolo in alto a destra dello schermo.

«Benissimo, ci siamo tutte! Che bello!» esclamò Derb «E ora?»

«Io e Edme ci stavamo raccontando quando abbiamo cominciato a sentire gli alberi, e voi?»

«Io volevo raccontarvi di una lezione che ci ha fatto oggi madame Aubry...»

«Ok, sembra che abbiamo un sacco di cose da raccontarci, abbiamo abbastanza tempo? Noi fra non troppo dobbiamo scendere ad aiutare mia mamma e mi sembra che Fing abbia un telefono in prestito. Forse dobbiamo prima di tutto occuparci delle cose più importanti, tipo quando ci vedremo tutte insieme? Avete chiesto di venire all'UniL?»

«Io ho chiesto e i miei sono felicissimi, mio fratello un po' meno, hanno deciso che salterà la partita per venire, sperano di trovare qualcosa che gli faccia venire voglia di studiare. Quindi sabato prossimo ci saremo!»

«Fantastico, e tu, Fing?»

«Per me non è facile, mia mamma il sabato lavora e mio nonno non ama la folla e allontanarsi troppo, so che mi direbbe di sì, ma non mi piace chiederglielo...»

«Senti, ma secondo te ti accompagnerebbe fino a Sion? Perché poi potresti venire con noi, se ti danno il permesso.»

«Davvero? Sarebbe bello, credo di poter provare, a Sion il nonno ci viene più spesso.»

«Bene! Allora per noi tre è fatta. Però mi spiace per Edme. Noi ormai siamo un quartetto, non possiamo restare zoppe. Dobbiamo vederci tutte, non credete?»

«Dobbiamo.»

«E poi, dobbiamo andare insieme in un bosco vero!

Io vorrei capire se sentiamo tutte le stesse cose e se cambia qualcosa quando siamo insieme. Perché gli alberi dell'Arboretum non li ho proprio sentiti e neanche Edme, ma quando ci siamo incontrate l'emozione era così forte e mi sembra assurdo non aver sentito la foresta.»

«Neanche io! Volevo proprio chiedervelo, mi sembrava così strano non sentirli. Invece con voi è stato pazzesco, non so come dirlo...»

«Non servono le parole.»

«Come?»

«È come se fra noi non siano servite le parole per riconoscerci. Due giorni fa ci siamo viste per la prima volta per caso e ora stiamo chiacchierando come se ci conoscessimo da sempre. A me non è mai successo con nessuno.»

«Neanche a me.»

«Io, prima che arrivasse Edme, parlavo quasi solo con i miei fratelli. E ora... siamo quattro amiche.»

«Già, quattro amiche, che si chiamano uguale, ma diverse, come le foreste.»

15

La dottoressa Monica Galeano era nel suo laboratorio e si stava preparando all'impegnativa giornata con la cura che metteva sempre nel suo lavoro. Raccolse i lunghi capelli neri in una coda e indossò il camice bianco.

Sapeva benissimo che agli occhi di alcuni dei suoi colleghi quella che l'attendeva era, se non un'umiliazione, di certo una punizione.

Nessun professore associato si era mai occupato della giornata aperta alle scuole, era roba che lasciavano ai giovani assistenti.

Ma per lei quell'incarico aveva più senso di molti altri. Poco importava che glielo avessero rifilato perché consideravano le sue ricerche poco ortodosse, se non addirittura assurde, o che a nessun collega maschio sarebbe mai successo.

Lei sapeva benissimo che non le sarebbe bastata una vita di ricerche per arrivare dove sognava, se quindi oggi fosse riuscita a ispirare anche solo una di quelle giovani menti a proseguire la sua indagine, forse un giorno gli umani avrebbero imparato a guardare le piante con altri occhi.

Da ciò dipendeva la salvezza del pianeta, lei lo sapeva bene, e i giovanissimi sembravano esserne più consapevoli di molti accademici.

Di certo, quindi, la sua sarebbe stata una giornata ben investita, pensava, e non immaginava neanche quanto sarebbe stato vero.

Allineò le provette e i bastoncini con cui avrebbe insegnato ai bambini a estrarre il loro Dna sfregando l'interno della propria guancia.

Un trucco da prestigiatore che si imparava al primo anno di biologia, ma che faceva sempre effetto. Ciascuno sarebbe tornato a casa con un microfilamento del proprio Dna in una pipetta di plastica. Poi avrebbe mostrato loro la mimosa pudica, che tanto aveva significato per lei.

Quando era una giovane studentessa, i suoi compagni ritenevano le piante molto più noiose degli umani e, appena potevano, sceglievano la specializzazione in biologia umana.

Un giorno, però, lei aveva visto un video su un esperimento con la mimosa pudica.

Si vedeva un vasetto avanzare lungo un tavolo da laboratorio trasportato da un nastro e poi cadere su di un altro tavolo un poco più basso; il piccolo dislivello era sufficiente a *spaventare* la mimosa, che ritraeva le sue foglie, per poi ritornare in posizione distesa dopo qualche tempo, quando il pericolo era scampato. L'esperimento però veniva ripetuto parecchie volte. Col tempo la pianta *imparava* che il piccolo saltello non rappresentava un vero pericolo, smetteva di arricciare le foglie e si lasciava cadere tenendole aperte.

Questo piccolo esperimento per Monica era stato

come un'epifania. Quando poi aveva capito che era stato realizzato da una donna, sua omonima, non aveva avuto dubbi che si trattasse di un segno e da quel momento aveva dedicato le sue ricerche, e la sua vita, allo studio delle piante come esseri capaci di apprendere, sentire, comunicare e anche di amare.

Quest'ultima parte ovviamente aveva suscitato la diffidenza se non lo scherno di molti suoi colleghi, soprattutto perché queste idee venivano dalla bocca di una giovane donna dalla pelle scura.

Lei però era stata abbastanza furba da fare anche una ricerca sulle proteine vegetali che aveva catturato l'interesse di alcune industrie e aveva prodotto un paio di importanti pubblicazioni che le erano valse la cattedra da professoressa associata.

A quel punto aveva potuto dedicarsi alle sue amate ricerche nei laboratori di una delle più prestigiose università del mondo e costruirsi un piccolo seguito di studenti appassionati.

Sapeva che si trattava di un equilibrio fragile, se si fosse messa a sbandierare le sue convinzioni sulle emozioni e gli amori delle piante, non ci avrebbero messo molto a trovare il modo di licenziarla. Potevano sempre dire che nuoceva alla credibilità scientifica dell'istituzione.

Oggi però avrebbe passato la giornata insieme a menti di certo più aperte e ricettive di quelle dei suoi colleghi. E avrebbe potuto raccontare loro una bella storia.

«Care ragazze e cari ragazzi, adesso che avete in mano il vostro Dna» disse al gruppetto di giovani che aveva riempito il laboratorio: non erano numerosi, una quindicina, la concorrenza con il laboratorio di robotica era insuperabile, ma avevano partecipato con interesse, soprattutto quelle tre ragazze così diverse e così affiatate che emanavano un'energia particolare. Una di loro poi aveva quei capelli verdi... capelli così li aveva visti una sola volta nella sua vita. Proseguì: «Posso raccontarvi una storia antica, potrà sembrarvi strano sentire una storia in questo luogo di scienza, ma a volte sono proprio quello che serve per aprirci nuove prospettive. Subito dopo vedremo un video che ci mostra come talvolta le storie possono offrirci intuizioni e le intuizioni guidano la scienza. Mettiamoci comode e fate attenzione, poi mi direte che idee vi fa venire il mio racconto, mi interessa molto sentire le vostre intuizioni». E Monica cominciò: «La leggenda narra di un tempo in cui boschi e umani vivevano in simbiosi e comunicavano prosperando in armonia. I giganti verdi proteggevano con le loro chiome una fitta comunità, in cui la distinzione tra animali e vegetali non era altro che il risultato di un bivio preso dal cammino dell'evoluzione. All'origine la foresta era un solo grande organismo di cui uomini, piante e animali facevano parte allo stesso modo.

«Quando gli umani erano comparsi sul pianeta, le piante, che esistevano già da centinaia di migliaia di anni, li avevano considerati buffi esserini indifesi, incapaci di produrre il proprio nutrimento e di trasformare l'energia del sole, costretti a muoversi continuamente e a uccidere per sopravvivere. Senza neanche la corazza o la pelliccia che proteggeva gli altri animali, gli umani erano in balia degli eventi atmosferici e dell'ambiente che li circondava.

«La foresta li aveva accolti, protetti e nutriti, convinta che anche loro avrebbero trovato un ruolo nella comunità del bosco. Era certa che avrebbero condiviso gioie e fatiche, come funghi, insetti e uccelli. Gli alberi avevano tanto da offrire, cibo, riparo, combustibile, materiale da costruzione... si trattava solo di capire cosa avrebbero potuto dare gli uomini in cambio, ma non sarebbe stato difficile trovare un equilibrio. Così credevano gli alberi... Cosa dite, come continua questa storia secondo voi?». Diverse paia di occhi perplessi la stavano fissando, sapeva che questo era il momento o la va o la spacca: o la seguivano in questo mondo alternativo e sarebbero usciti di lì guardando le piante con sguardo diverso, oppure l'avrebbero semplicemente presa per la scienziata pazza e l'anno seguente si sarebbero iscritti al laboratorio di robotica. Una mano si levò e non fu sorpresa di vedere che era una di quelle tre ragazzine, quella con i capelli ricci.

«Ma questa non è solo una leggenda, vero?» chiese Ris dando voce al pensiero di tutte e tre, anzi sicuramente anche a quello di Edme che non era lì con loro.

«Può darsi, voi cosa ne dite? Cosa vi sembra?»

«Ma lei ha detto che gli alberi pensano, che hanno accolto gli uomini, come se le piante fossero delle persone...» disse un ragazzino basso e occhialuto «ma questo non è vero, le piante non hanno un cervello!»

«Hai ragione, le piante non hanno un cervello come il nostro, ma questo è sufficiente per farci dire che non pensano? Solo perché non hanno un sistema nervoso centrale come il nostro, non vuol dire che non abbiano moltissime cellule che trasmettono informazioni esattamente come il nostro sistema nervoso periferico, anzi molto di più, perché le piante non solo hanno cinque sensi come noi, vista, udito, olfatto, odorato e tatto, ma hanno anche dei sensi in più come la capacità di riconoscere composti chimici o la presenza di acqua.»

«Come, scusi? Le piante ci vedono?!»

«Certo, sappiamo tutti che le piante crescono verso la luce. Come sappiamo che regolano i loro comportamenti in base all'ambiente che le circonda e al cambiare delle condizioni atmosferiche. E queste non sono leggende, ma fatti scientifici dimostrati. Vi farò vedere nel video come una ricercatrice in Australia, grazie alla mimosa pudica, sia riuscita a dimostrare che le piante sono in grado di imparare rapidamente.»

Monica lanciò il video e in pochi minuti il suo pubblico poté vedere il vasetto di mimosa sul nastro trasportatore che imparava a cadere senza timore. I sottotitoli spiegavano l'esperimento.

«Niente male, eh? Io ammiro molto il suo lavoro, potete cercarla anche voi in rete. E sempre lei ha dimostrato che le piante hanno anche immaginazione, cioè proprio come noi sanno immaginare qualcosa che non è presente. Vi ricordate gli esperimenti di Pavlov con il cane?» Qualche testa diede segno d'assenso, Monica per sicurezza decise di approfondire.

«Ok, allora cercherò di essere breve perché dobbiamo metterci al lavoro. Ivan Pavlov era un medico e scienziato russo vissuto a cavallo tra 1800 e 1900, che nel 1904 ha ottenuto il premio Nobel per la medicina per i suoi studi sul condizionamento del comportamento dei cani e le conseguenze sugli umani. L'esperimento secondo me lo conoscete: per un po' di volte suona una campanella subito prima di dare da mangiare al cane, fino a che al solo suono della campanella il cane ha l'acquolina in bocca e sbava anche senza vedere il cibo. Il problema con gli studi di Pavlov è che all'epoca sono stati usati dalla dittatura per tentare di condizionare il comportamento degli umani e da allora i risultati sono stati approfonditi e messi in pratica dalle polizie segrete di mezzo mondo. Ma per tornare alle piante, la scienziata che io ammiro molto, e che per altro si chiama con il mio nome, quella della mimosa pudica che avete appena visto, ha fatto un pensiero: la mimosa piace tanto agli scienziati perché reagisce in fretta, così in fretta che la vediamo a occhio nudo e possiamo sapere che ha imparato. Ma la mia geniale collega ha fatto un altro esperimento per dimostrare a quei cocciuti degli scienziati come noi, che hanno sempre bisogno di prove, che le piante non solo imparano, ma immaginano anche, ed è partita dal cane di Pavlov. Lei dice che l'esperimento di Pavlov non ci racconta solo di come il comportamento del cane possa essere condizionato, ma ci mostra anche come il cane sia capace di immaginazione. Quando ha l'acquolina al suono della campana, il cane sta immaginando del cibo che in quel momento non è nella stanza e al solo pensiero ne è deliziato. A questo punto noi sappiamo che per le piante la luce rappresenta il cibo e che loro sono capaci di orientare la propria crescita per raggiungerla. Cosa succede allora se noi mettiamo un semplice germoglio di pisello in una stanza con una sola lampadina che si accende qualche ora al giorno?»

«Che il germoglio andrà verso la luce, lo avevamo fatto in classe con le lenticchie sul cotone.»

«Esatto, e se quando noi accendiamo la luce ci associamo quella che per il cane era la campana e per la pianta può essere un piccolo ventilatore?»

«Vuol dire che il germoglio è cresciuto verso il ventilatore anche senza che la lampadina fosse accesa?» disse Ris mentre altre due o tre mani si alzavano per rispondere.

«Esatto! Il germoglio si è immaginato la cena e ha orientato il proprio comportamento. Dopo avervi fatto questa rivelazione, vi lascerò anche una grande responsabilità.»

«A noi? E perché?»

«Tra noi umani e gli alberi è tutta una questione di velocità, che genera incomprensione. Noi siamo abituati a pensare che le piante siano immobili, mentre loro si muovono inesorabilmente, ma troppo lentamente perché i nostri occhi frettolosi se ne accorgano. Le loro vite si organizzano lungo i secoli e noi ricercatori, che cerchiamo di capirli, non facciamo in tempo, non ci basta una vita di ricerca. Pensate, se io comincio oggi a occuparmi di questa piccola ghianda» disse mostrando il seme che aveva nel palmo della mano «la allevo, la curo, le do tutto il nutrimento possibile per crescere sana e forte e le trovo un luogo perfetto dove piantarla. Voglio sapere se queste mie cure la faranno diventare più grande o più bella o più resistente o se la faranno vivere più a lungo... ma io non vivrò abbastanza per vederlo, perché una quercia vive duecento o trecento anni. Quindi ho bisogno che qualcuno più giovane, qualcuno di voi, si occupi della mia quercia e verifichi se quello che io ho fatto era la cosa giusta per lei, e continui a farlo, oppure se è bene fare qualcosa di diverso per farla star bene. E poi anche voi dovrete passare il testimone a qualcuno più giovane, che a sua volta lo passerà a qualcun altro, e solo allora potremo sapere se io ho fatto le cose giuste perché questa ghianda diventi la migliore quercia del mondo. O magari prima di allora, qualcuno avrà imparato a comunicare con la mia quercia e a farsi dire di cosa ha bisogno.»

A questa frase, tre paia di sopracciglia scattarono verso l'alto, trasformando all'istante tre visi concentrati nel ritratto dell'entusiasmo.

La rete siamo noi

La rete è Gaia,
è intreccio di radici che abbraccia la Terra,
è supporto per tronchi e chiome,
funghi messaggeri che tessono le loro fragili maglie
e trasportano cibo, informazioni, segnali.

La rete informa e protegge, anticipa e reagisce,
nutre e alleva.

C'è posto per tutti nella rete e tutti ne fanno parte,
ciascuno è importante;
non c'è morte nella foresta,
solo forme diverse di vita;
prima sei seme, pianta, frutto,
poi di nuovo seme, pianta, frutto,
poi ancora nutrimento per Gaia,
senza fine, le tue cellule continueranno a vivere.

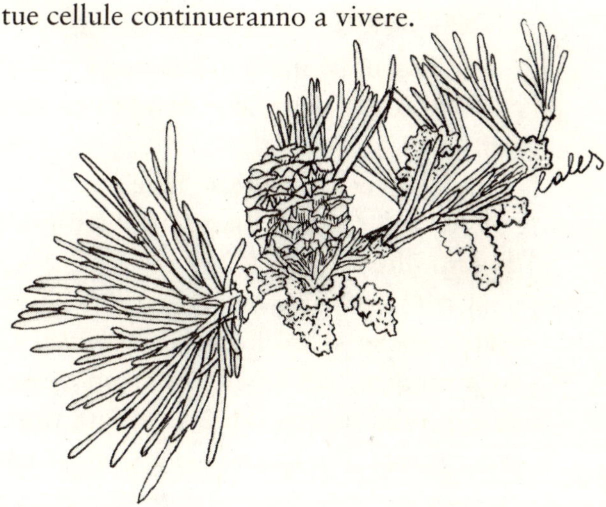

16

Ris, Fing e Derb erano sedute a un tavolino tondo davanti alla caffetteria dell'università. Di fronte a loro, su un grande prato digradante, un gregge di pecore faceva con piacere il lavoro di venti giardinieri, in fondo si scorgeva il lago e all'orizzonte le montagne. Era un sabato soleggiato, ma dal loro incontro all'Arboretum erano passate due settimane e le temperature erano decisamente scese sotto i quindici gradi. Ma le tre amiche non prestavano attenzione al meteo, erano troppo prese dal loro discorso.

«Ma avete sentito cosa ha detto?»

«Sì, Ris, eravamo lì anche noi.»

«Ma non è pazzesco? Sembrava stesse parlando di noi.»

«Sì, davvero» aggiunse Fing.

«Peccato che fosse scaduto il tempo, forse avremmo dovuto dire qualcosa...»

«Ci ho pensato, ma prima ero curiosa di vedere il video, anche se mi ha un po' delusa. Cioè, quella povera mimosa nel vasetto non può essere felice a fare su e giù dal nastro. Mi è sembrata tipo quei topi degli esperimenti. Poi quando c'è stato il tempo per le domande tutti chiedevano della mimosa e io non sapevo bene cosa dire, lì davanti a tutti...»

«In effetti non potevamo dire: *Ehilà siamo noi, siamo già qui, quelle che sta cercando, noi sentiamo gli alberi.*»

«Già, anche perché, non so voi, ma io non è che abbia proprio qualcosa di preciso da riferire. Anzi, fino a oggi, non pensavo neanche che la foresta potesse darmi un messaggio. Per me era una cosa bella, che mi faceva stare bene quando ero nel bosco, come una specie di ninna nanna.»

«Sì, anche per me sono più delle sensazioni, non proprio delle parole. E tu, Fing?»

«Io, quella storia che ci ha raccontato, l'ho sognata molte volte.»

«Cioè?!»

«Ho sognato spesso di una foresta in cui umani, animali e piante vivevano felici insieme. Fino a oggi pensavo che fosse qualche fiaba che mi raccontava mia madre, oppure qualche suo racconto dell'Amazzonia. Non so molto, ma so che prima che io nascessi lei ci è stata, e a volte quando cerco una spiegazione per i miei capelli, mi chiedo se non sia successo qualcosa a mia mamma nella giungla.»

«Tipo?»

«Boh, ho anche creduto che il fatto che io sentissi gli alberi c'entrasse con il viaggio di mia madre, ma ora che ho conosciuto voi non so più cosa pensare.» Una breve pausa seguì le parole di Fing, finché Ris non propose: «Sentite, cosa ne dite se prima di andarcene cerchiamo di parlare con quella prof di prima?».

«La biologa?»

«Sì, lei, non so bene cosa possiamo dirle, ma anche questa volta mi sembra che non siamo qui per caso. Abbiamo scoperto che c'è una persona che di lavoro fa ricerche praticamente su di noi. Non possiamo lasciarcela scappare.»

«Si chiama Monica, ma dite che ci ascolterà?» chiese Fing titubante.

«Boh, magari ci prende per ragazzine strambe, e va be', come darle torto. Ma tanto non è che dobbiamo vederla tutti i giorni. Possiamo provare. Ora sono le 13, alle 13.30 i miei genitori e Constantin ci vengono a prendere qui al bar. Se ci sbrighiamo magari la troviamo, tentar non nuoce.»

«Andata! Sbrighiamoci, sarà la nostra prima avventura insieme e sento che non sarà l'ultima. Torniamo al laboratorio, magari è ancora là.»

Le tre amiche si avviarono a passo veloce continuando a chiacchierare lungo il prato verso l'edificio che avevano visto poco prima.

«Peccato non ci sia Edme! Dobbiamo raccontarle tutto. Videochiamata domani, assolutamente.»

«Già, speriamo di avere qualcosa di più da dirle. Magari Monica ci racconta le sue ricerche e noi la aiutiamo a capire le piante!» si entusiasmò Ris.

«Eh già, esagerata. Magari ci danno anche una laurea. Io mi accontenterei di capire meglio cosa vuol dire quello che sento, se sono tipo ricordi degli alberi, o cosa» la placò Derb.

«Io vorrei sapere se il mio sogno è vero. E magari perché ho i capelli verdi.»

«Io invece sono sicura che noi non ci siamo incontrate per caso, ma che abbiamo una specie di missione, dobbiamo fare qualcosa, e vorrei proprio sapere cosa!» concluse Ris.

Intanto erano arrivate davanti alla porta vetrata, chiusa.

«Ecco, era qui, *L'éprouvette, laboratoire*. Ma è chiuso!»

«Be', certo, che sceme, anche lei sarà andata a pranzo.»

«Uffa, che si fa?»

«E niente si fa. I miei arrivano tra quindici minuti. E se mio fratello è arrivato prima di noi farà la spia di sicuro, dicendo che siamo andate a zonzo.»

Stavano tornando deluse sui loro passi, quando Ris fece un balzo in avanti verso un gruppo di persone che stava parlando fitto.

«Dottoressa! Professoressa! Monica?»

Derb e Fing si guardarono stupite del coraggio dell'amica davanti a degli sconosciuti. In effetti si girarono sconcertati verso quella ragazzina, erano quattro uomini di una certa età e in mezzo a loro, più piccola, unica donna e unica persona di colore, c'era effettivamente la professoressa Monica Galeano, che aveva riconosciuto le tre e tentava di nascondere un sorriso.

«Credo che la nostra gentile ospite stia cercando lei» disse con voce gelida il più anziano dei quattro.

«Sì, certo, professore, me ne occupo subito» rispose Monica, e si avvicinò alle tre Gaia.

«Ragazze, buongiorno, sono felice che mostriate interesse per la scienza, o per qualsiasi altra cosa vi abbia spinte a cercarmi, ma purtroppo ora non è proprio il momento adatto. Sarò però contenta di rispondere a tutte le vostre domande via email. Ecco il mio biglietto da visita, scrivetemi. Risponderò» e detto ciò si allontanò con i suoi colleghi, lasciando tre ragazzine incerte se essere contente o deluse.

Solo gli umani hanno scritto fine

Prima hanno portato via i tronchi secchi
che decomponendosi avrebbero nutrito i propri figli.

La foresta è rimasta più povera di azoto,
meno specie sono sopravvissute,
ma Gaia era ancora forte.

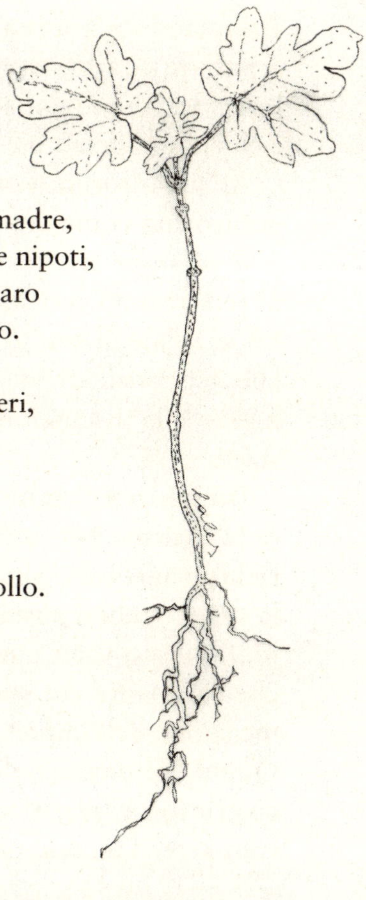

Poi hanno tagliato alberi vivi,
i più grandi,
per farne navi, carri, case, ponti.

La foresta ha perso i suoi alberi madre,
le loro fitte radici nutrivano figli e nipoti,
da centinaia di anni offrivano riparo
dagli eccessi di sole, acqua e vento.

Infine hanno sradicato boschi interi,
sbriciolando la foresta,
smembrando la rete.

Dalle loro mani,
il fuoco è divampato senza controllo.
E ora Gaia è in pericolo.

17

Da quando era tornata a casa, Edme non era riuscita a parlare con le sue nuove amiche, né a rispondere ai loro messaggi. Non solo perché scrivere in francese le richiedeva ancora un sacco di tempo.

Al suo ritorno, senza neanche rendersene conto, si era trovata coinvolta in una vicenda più grande di lei.

Il villaggio era in subbuglio, mancavano pochi mesi al referendum contro la grande diga e gli animi si erano scaldati al punto da fare arrivare la disputa anche nel cortile della scuola. E Edme si era scoperta in mezzo alla discussione senza sapere bene da che parte stare.

Da un lato c'erano i ragazzi i cui genitori partivano ogni mattina per andare a lavorare lontano o magari rientravano solo per il fine settimana e speravano che la diga avrebbe portato nuovi posti di lavoro più vicini. E questo valeva anche per lei, aveva appena saputo che suo padre era stato incaricato di gestire la comunicazione dell'impresa che avrebbe diretto l'impianto. Quindi, se davvero il referendum fosse stato vinto dai costruttori grazie al suo lavoro, suo padre avrebbe potuto avere l'incarico della comunicazione durante tutto il cantiere, restando sul posto e non scendendo sempre in studio a Lucerna.

Dall'altro lato però c'era il gruppo stranamente assortito di quelli che sostenevano che la diga avrebbe portato più danni che benefici. C'erano i figli delle guardie forestali, i genitori non potevano esprimere apertamente il loro dissenso a un progetto approvato dal Cantone. Ma la sera a casa parlavano liberamente e raccontavano della foresta, di come nel tratto che sarebbe stato sommerso dal bacino idrico ci fossero alcuni tra gli alberi più antichi, di quanto fosse preziosa la loro foresta, una delle più primitive delle Alpi, cinquecentocinquanta ettari di estensione da un versante all'altro, e di come due pezzi di foresta tagliati da una diga non fossero la stessa cosa di un unico grande bosco cresciuto nei secoli. Edme sentiva benissimo questi discorsi vicini al suo cuore, era della sua foresta che stavano parlando. C'erano poi un paio di ragazzi che avevano sentito fare dai loro nonni racconti magici sulla foresta di Boedmeren e anche a questi Edme non stentava a credere.

Di recente poi erano arrivati in paese alcuni gruppi ambientalisti, venivano da Zurigo. Erano una decina tra ragazzi e ragazze arrivati fin lì in bici e con le tende. Avevano offerto sostegno a chi volesse opporsi alla diga e avevano garantito che, se anche avessero perso il referendum, loro avrebbero potuto organizzare una protesta per impedire il cantiere, avrebbero chiamato altri gruppi e si sarebbero accampati nel luogo dello scavo. Erano belli e parlavano bene, avevano messo un banchetto davanti a scuola e Edme si era fermata a parlare con una ragazza con le treccine, le era piaciuta, di sicuro amava i boschi quanto lei. Gli altri avevano spiegato, a chi voleva sentirli, che era del nostro futuro che si stava discutendo, che noi giovani non dovevamo lasciare che fossero i vecchi a scegliere.

Questa era stata l'ultima scintilla, che si era trasformata nella rissa di quella mattina durante la ricreazione. Peter e Hugo, i suoi compagni, erano venuti alle mani e Edme era intervenuta sperando di fermarli.

Il sorvegliante li aveva spediti tutti dal direttore e ora lei stava tornando a casa con una convocazione per i suoi genitori da far firmare.

Arrivò in fondo alla strada di casa, ancora qualche passo in salita e avrebbe dovuto affrontare l'inevitabile sgridata. Guardò in su, verso la cima delle montagne, come a sperare in un aiuto, una distrazione dell'ultimo minuto, ma niente. Loro stavano lì, apparentemente immobili, da qualche millennio a guardia della valle. Anche se lei ben sapeva che non erano ferme per nulla, anzi stavano cambiando sempre più velocemente, le ragazze di Zurigo le avevano mostrato delle foto dei ghiacciai che si stavano ritirando, avevano detto che la diga avrebbe cambiato il clima di tutta la valle.

Abbassò lo sguardo in direzione del vecchio chalet che ormai era diventato la loro casa. All'inizio era stato strano, ricorda, lo avevano affittato per una vacanza e poi avevano deciso di non tornare a Lucerna. Era stata felice, stava meglio lì in montagna, le sue orecchie si riposavano dal frastuono della città. Nei primi tempi le erano mancate un po' le comodità del loro bell'appartamento, però poco per volta i suoi genitori avevano sistemato la casa, mantenendo la vecchia struttura, ma dotandola di tutti i confort, e ora per lei era la casa più bella del mondo, ci tornava sempre volentieri. Peccato che oggi varcando la soglia sarebbe andata incontro a una punizione.

Con la coda dell'occhio vide la macchina di suo padre attaccata alla presa elettrica, voleva dire che era arrivato già da un po' se aveva avuto il tempo di pensare alla ricarica, di solito se ne ricordava sempre tardi e doveva uscire di nuovo in garage. Entrò in veranda, si stava togliendo le scarpe quando si sentì toccare una spalla.

Il suo fratellino Léo riusciva ad avvicinarsi silenzioso come un gatto e stavolta aveva anche un dito sulle labbra a segnalarle di non far rumore.

«Ti stanno aspettando in cucina. Arrabbiati» disse in lingua dei segni.

Suo fratello non sentiva benissimo, se ne erano accorti quando aveva tre anni. Non sapevano ancora se sarebbe peggiorato, quindi la mamma aveva deciso che tutti avrebbero imparato la lingua dei segni e ne avrebbero fatta una cosa normale. Non aveva previsto che i suoi figli la trasformassero in un linguaggio segreto, aggiungendo una serie di segni che capivano solo loro.

«Immagino, grazie per avermi avvertita, ma so già di cosa si tratta, il direttore deve aver telefonato.»

«Guai a scuola?»

«Ho fatto a botte» rispose lei, anche se non era esattamente vero, sapeva che avrebbe fatto ridere Léo, che infatti le scoccò un sorriso ammirato e sorpreso.

«Con chi?»

«Due maschi. Peter e Hugo.»

«Urca, sarai punita?»

«Di sicuro.»

«Figo!»

«Non dire parolacce. Se no puniscono anche te. Ora lasciami andare incontro al mio destino, se non mi blindano poi andiamo a fare una passeggiata con Quercia. Anzi, temo che quella col cane sarà l'unica passeggiata che mi faranno fare.»

Appese la giacca all'attaccapanni e si avviò a passi forzati verso la cucina.

«Ciao» disse all'ingresso.

«Vieni, siamo qui.»

«Lo so, mamma, ciao, papà.»

I suoi genitori erano seduti al tavolo della colazione, era strano già vederli entrambi lì a quell'ora durante la settimana, le loro facce serie non facevano che aumentare il disagio della situazione.

La mamma si alzò e versò un bicchiere di succo di mela che le porse insieme a un piattino con dei biscotti. Neanche un cataclisma avrebbe impedito a sua madre di preparare la merenda, assicurarsi che i suoi figli fossero nutriti a orari regolari era per lei un precetto inviolabile. Edme si sedette e tentò una difesa preventiva, più per l'onore degli adolescenti che con la convinzione di ottenere qualcosa: «Prima che voi cominciate, sappiate che non è come sembra!».

«Ah, menomale, perché da come sembra a me abbiamo ricevuto una telefonata dal direttore della scuola per dirci che nostra figlia aveva fatto a botte alla ricreazione. Non so bene cosa possa esserci di poco chiaro in questi fatti, ma accolgo con piacere ogni alternativa. Tipo che non eri tu ma un tuo clone?!»

Il papà aveva parlato con un tono gelido e sarcastico che la toccò più di una sgridata. Girò lo sguardo ferito verso sua madre, che al solito più che arrabbiata sembrava preoccupata.

«Gaia, cosa ti è preso? Cos'è successo? Non è da te.»

«Mi chiamo Edme» a questo punto la discussione aveva preso la china del conflitto «se non sapete cosa è successo come fate a dire se è da me o no?!»

«Ma qualsiasi cosa sia stata... fare a botte?! Non fa parte di noi. Non hai mai preso uno scapaccione. Non ci hai mai sentiti alzare la voce.»

«Dove l'hai imparato? È stato a Aubonne? Da quella tua nuova amica coi fratelli grandi?»

«Ma papà! Davvero?! Ma come fai a dire una cosa del genere?! Cosa ne sai tu?!» e con questo Edme uscì a grandi passi dalla cucina e salì in camera sua sbattendo la porta.

«No, comunque, Paul, grazie, menomale che sei tornato prima dal lavoro, perché come sai gestire tu le discussioni con nostra figlia, nessuno meglio di te, capisco perché lavori nella comunicazione!»

«Anne, scusa, sono settimane faticose, questo lavoro della diga non mi piace, il capo non è una bella persona. Ma tu sai benissimo che sto cercando di tenermelo per poter stare più tempo a casa. E ora ci si mette pure Gaia, il direttore ha detto che hanno litigato sulla diga, ma cosa ne sanno loro?»

«Be', forse avresti potuto chiederglielo prima di attaccare la sua amica. Non ci vuole molto a sapere che con un'adolescente non si devono toccare gli amici. Vado a parlarle.»

«No, lascia, vado io. Prometto di non far danni, o almeno di provarci. Una volta che sono a casa, lasciami tentare.»

Il papà si avviò su per le scale e bussò alla porta della camera. Nessuna risposta. Fece un respiro profondo.

«Tesoro, sono papà, per favore, posso entrare?» interpretò il grugnito come una risposta affermativa e aprì la porta. Edme era rannicchiata sul letto, con le braccia intorno alle ginocchia. La camera affacciata sulle montagne era avvolta nella penombra. Da quel lato della casa arrivava meno sole, ma dal primo giorno la bambina l'aveva scelta, «voglio vedere sempre il bosco» aveva detto. «Scusa, non volevo offendere la tua amica, non la conosco neanche, anzi, perché non mi racconti un po' di lei? Magari un giorno me la presenterai?»

Anne, dopo aver aspettato mezz'ora in cucina, cominciava a essere impaziente. Aveva dato la merenda a Léo, avevano fatto un disegno insieme, lui adorava disegnare, portava album e pastelli sempre con sé, ora aveva diritto a un po' di cartoni animati e lei voleva sapere cosa si stessero dicendo padre e figlia. Finalmente eccoli scendere dalle scale: le espressioni sui loro visi la rassicurarono, il conflitto pareva rientrato.

«Anne, se sei d'accordo, avrei proposto a Nostra Figlia di invitare la sua amica qui con la sua famiglia durante le vacanze di Natale» disse il papà con tono pomposo e scambiando uno sguardo d'intesa con sua moglie.

«Ma certo, mi sembra una bellissima idea, potremmo anche proporle di passare con noi Capodanno all'Erlebniswelt!»

«Uo, mamma, piano, la mamma di Ris è vedova con tre figli, non so se si può permettere un albergo per tutti. Anche se a Ris piacerebbero un casino gli husky.»

«Ah, sì, scusa, capisco, be', vediamo se troviamo una soluzione, intanto tu puoi provare a proporglielo?»

«Ok, sì, posso chiamarla ora? Cioè, tipo che non fa parte della punizione eterna? Non mi ritirate il telefono fino alla maggiore età?»

«Non darmi certe idee! Comunque sì, certo che sei in punizione e appena finita la chiamata mi consegni tutti gli schermi, poi dovrai anche spiegarci cosa è successo oggi a scuola, ma diciamo che possiamo parlarne dopo cena. Ora fila.»

Senza rete

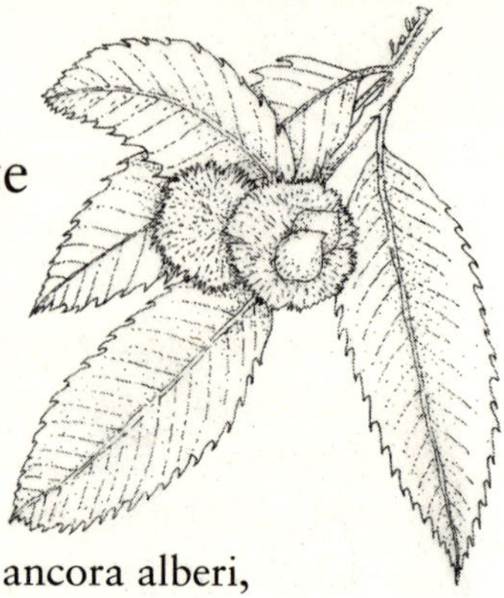

Non siamo più una cosa sola,
senza rete perdiamo pezzi.

Non sappiamo se a nord ci sono ancora alberi,
ma nulla ci avvisa più del freddo in arrivo,
al momento di ritirare la linfa all'interno del tronco;
non abbiamo notizie dei boschi del sud,
il caldo ci coglie di sorpresa,
senza il tempo per far scorte d'acqua.

Scompaiono gli animali che trasportavano i semi e concimavano le radici.
Muoiono i funghi messaggeri.
La pioggia acida brucia le foglie.

Siamo troppo pochi
per catturare il carbonio disperso nell'aria.

Gaia è smembrata in frammenti smarriti
che tendono rami e radici cercandosi.

Le strade degli umani straziano la rete delle foreste
come ferite che non cicatrizzano.

Sulle strade corrono le macchine disboscatrici.

18

Paul Meyer aspettava da cinque minuti davanti all'ufficio del suo cliente. Era arrivato in anticipo, riponeva tante speranze in quell'incontro. Sperava che una consulenza occasionale potesse tramutarsi in un incarico stabile, che gli avrebbe permesso di lavorare più vicino a casa. Non era esattamente il suo tipo di lavoro, ma lui aveva dalla sua il vantaggio geografico. Viveva sul posto e non temeva certo la competizione, in valle non c'era alcuno studio di comunicazione con un profilo internazionale come il suo. La società che avrebbe gestito la diga era molto grande, aveva incarichi per diverse infrastrutture. Al giorno d'oggi ogni grande progetto aveva bisogno di qualcuno che si occupasse delle relazioni con i cittadini e Paul, nonostante finora si fosse occupato di pubblicità e design grafico, era disposto a cambiare. Aveva fatto delle proposte di campagna didattica sul funzionamento della diga da portare in tutte le scuole. Sperava veramente che questa convocazione significasse che le sue idee erano piaciute.

«Signor Meyer, buongiorno, si accomodi.»

«Grazie, presidente, buongiorno, come sta?»

«Abbastanza bene, grazie, starò meglio quando avremo risolto la faccenda per cui l'ho fatta chiamare a quest'ora.»

«Se posso aiutarla, volentieri» rispose Paul un po' interdetto. Evidentemente non lo aveva convocato per parlare delle sue idee per il futuro.

«Certo che può aiutarmi, la pago per questo. Guardi, potrebbe sembrarle una faccenda da poco conto, ma non va sottovalutata. Purtroppo le mie esperienze precedenti mi insegnano che questi quattro smandruppati vanno fermati subito, altrimenti diventano una vera seccatura.»

«Mi scusi?» adesso veramente Paul non capiva di cosa stesse parlando.

«No, mi scusi lei. Non dovrei esprimermi così, ma sono stato scottato in passato e non mi posso permettere che ci siano intoppi con il progetto della diga. L'ho fatta chiamare perché sono stato informato dell'arrivo in paese di un gruppo di quegli ambientalisti di città, pare arrivino da Zurigo, a rompere le palle a me. Mi scusi ancora, non riesco a evitare di perdere le staffe davanti a quel genere di persone.»

«Capisco, ma cosa posso fare io per lei?» chiese Paul perplesso.

«Mancano pochi mesi al referendum, ormai consideravo la vittoria in tasca, per esperienza basta offrire una manciata di posti di lavoro in un villaggio così, si vince facile. Tanto non devo certo cedere posizioni dirigenziali, non è che fra queste montagne abbondino i laureati, con una decina di posti da guardiano ci si porta a casa il voto.»

A questo punto il padre di Edme dovette mordersi la

lingua per non far notare che lui e sua moglie, entrambi laureati, abitavano in paese, dove avevano conosciuto diverse persone ben più meritevoli di rispetto di molti cittadini, di certo di quello che aveva davanti.

«Cosa vuole che faccia?» ripeté per arrivare al punto e risparmiarsi di sentire altri sproloqui da quell'uomo per il quale sperava ancora di poter lavorare a lungo.

«Ah, quello non mi interessa, sta a lei, io l'ho assunta per gestirmi la comunicazione e farmi vincere il referendum. Faccia quello che deve per levarmi dai piedi quei ficcanaso. Sono come le pulci, si moltiplicano. Arrivano in tre o quattro, parlano con la gente, con i ragazzini a scuola, li convincono che la diga sarà un disastro per il loro futuro, e in un attimo noi ci ritroviamo con i giornalisti sul collo. A quel punto il casino è fatto, ne arrivano altri da altre città, si accampano, per presidiare la natura, dicono.

Guardi, non mi ci faccia pensare, ci sono già passato due volte, due ottimi appalti, una cava e un tratto di autostrada trasformati in incubo da quei quattro sbrindellati. Ho rischiato di fallire per le penali da ritardo del cantiere. Stavolta conto su di lei per eliminare la scocciatura prima ancora che diventi tale. Ci siamo intesi?»

Di nuovo Paul dovette fare una pausa e un respiro profondo per non mandare al diavolo il suo capo, aveva scelto di lavorare in proprio per evitarsi situazioni di questo genere. Aveva sempre creduto di poter rinunciare a un cliente, piuttosto che alla propria dignità, ma ora questo lavoro non poteva farselo scappare, era importante per la sua famiglia.

Menomale che con una figlia adolescente stava allenando l'autocontrollo e gli veniva utile per non rispondere per le rime a quel prepotente che aveva davanti... a proposito di figlia, il capo aveva parlato di scuola e ragazzini, il direttore aveva detto che Gaia, ops, Edme, aveva fatto a botte a causa della diga, vuoi vedere che...

«Meyer, allora! Siamo d'accordo?! La vorrei vedere più reattivo!»

«Oh, sì, certo, va bene, ci penso io.»

«Arrivederci, allora, spero di non aver bisogno di vederla presto.»

Anche io, signore, pensò Paul. «Arrivederci» disse invece.

19

TA, TI, TA, TATATA TI TA...

Edme era pronta con il telefono in mano, ma nonostante ciò il suono della videochiamata la fece sussultare. Moriva di curiosità, voleva sapere cosa avevano fatto le altre tre Gaia all'università, sapere che si erano viste senza di lei la faceva sentire un po' esclusa, o forse era il fatto del francese, per loro era più facile comunicare. Ma oggi anche lei aveva qualcosa di importante da raccontare e sperava che le nuove amiche potessero aiutarla con il suo dilemma. Il suo cuore era naturalmente con gli oppositori della diga, quelle ragazze e quei ragazzi di Zurigo le erano sembrati in gamba oltre che bellissimi. Ma come faceva con suo padre? Il suo lavoro era importante per tutti e lei non voleva passare per ragazzina egoista.

E poi doveva invitare Ris per le vacanze di Natale, non voleva farlo in segreto, ma neanche far rimanere male Fing e Derb, anche se le conosceva meno aveva sentito anche lei l'energia speciale di quando erano tutte e quattro insieme.

Avrebbe tanto voluto andare nella sua foresta, cercare di capire meglio quello che le diceva, se davvero c'era un messaggio preciso. Ma di certo ora era blindata per tre settimane, fra una iniziavano le vacanze d'autunno, poteva solo sperare che la mamma si ammorbidisse e non le facesse passare tutti i giorni chiusi in casa.

«Edme? Ci vedi? Hai la videocamera spenta!»

«Oh, ah ecco, io vi vedo, e voi?»

«Sì, sì, ora ci siamo tutte!»

Lo schermo diviso in quattro mostrava quattro visi diversi abitati da un identico sorriso.

«Evviva, chi comincia?» chiese Ris la cui voce sprizzava entusiasmo anche a distanza. Poi ebbe un pensiero gentile per l'amica più lontana. «Edme, dicci tu, tutto bene il ritorno a scuola?»

Edme raccontò le novità della settimana cercando di fornire tutti i dettagli che la barriera linguistica le consentiva di comunicare. Si accorse con piacere che man mano che raccontava pensava sempre meno alle parole, anzi stava facendo un miscuglio di francese, inglese e tedesco, ma le sue amiche non erano il prof, loro volevano capirla e sembravano riuscirci.

«Cavoli, questa storia della diga è grossa. Davvero allagherebbe la tua foresta?» chiese Ris.

«Da quanto ho capito solo una parte. La foresta di Boedmeren è grande una cosa come cinquecento ettari. A scuola ci hanno insegnato che è una delle più antiche d'Europa, la cosa più simile a una foresta vergine. Perché il terreno è ripido, pieno di buchi e gallerie, quindi non è stata sfruttata per il legname. È sul fondo della valle della Muota e risale sui due versanti tutta collegata. Il lago artificiale che alimenterebbe la diga la spezzerebbe in due e annegherebbe alcuni degli alberi più vecchi. Poi però le ragazze di Zurigo mi hanno spiegato che le conseguenze per tutta la valle sarebbero molto più gravi, cambierebbe il clima, pioverebbe di più, mancherebbe acqua da alcune parti e ce ne sarebbe troppa da altre. E due foreste più piccole non sono la stessa cosa di una tutta unita da secoli.»

«Be', ma allora hanno ragione quelle ragazze, bisogna fare qualcosa» intervenne Derb.

«Forse è questa la nostra missione» propose Ris.

«Missione?» chiese Edme.

«Be', siamo tutte d'accordo che non ci siamo incontrate per caso, noi quattro abbiamo lo stesso dono e non conosciamo nessun altro che lo abbia.»

«È un po' come i miei sogni...» aggiunse Fing «forse abbiamo degli antenati in comune.»

«Forse, ma io più che altro penso che abbiamo un compito, un'impresa da realizzare, tipo i supereroi che mi hanno sempre fatto vedere i miei fratelli. E magari questa diga è la nostra missione. Dobbiamo aiutare Edme a salvare la sua foresta.»

«Dobbiamo venire a trovarti!» concluse Ris con un tono che non ammetteva repliche. «Fra poco siamo tutte in vacanza, no? Noi in Canton Vaud abbiamo vacanza dal 15 al 30 ottobre, ne abbiamo appena parlato con la mamma, voi?»

«Noi, in Vallese, mi sa che non abbiamo la stessa settimana» rispose Derb. «E tu, Edme?»

«Be', io in realtà avevo una proposta da farvi: mio papà e mia mamma volevano invitare Ris con la sua famiglia per Capodanno, magari potreste venire tutte, però non so se vi va bene... noi di solito andiamo in un albergo, cioè, è più un villaggio, ci sono delle casette, e ci sono le slitte, i cani husky, è molto bello, ma non so se per i vostri genitori...»

«Ma è un'idea fantastica! Dobbiamo convincerli! Il Capodanno tutte insieme. Voi che ne dite?»

«Sarebbe bellissimo, ma io non so, noi non siamo mai andati tutti in albergo...»

«Io penso che mia mamma lavori il 31, lei lavora in un bar.»

«Sentite, questa del Capodanno mi sembra un'idea troppo bella per lasciarcela scappare. Edme, tu puoi cercare di farti dire dai tuoi genitori quanto costa questo villaggio? Magari ci possiamo stringere in una casetta e ci fanno un prezzo famiglia? E tu, Fing, puoi chiedere a tua mamma se ti lascia venire con noi? Abbiamo di sicuro posto in macchina. Possiamo anche farla parlare con mia mamma, è la prof più affidabile del mondo, riesce a convincere tutti. Io però devo convincere i miei fratelli, sono anni che conservo alcuni elementi buoni per ricattarli, aspettavo solo l'occasione giusta.» Ris parlava a macchinetta. Per la prima volta in vita sua sentiva un tale entusiasmo. La ragazzina timida e solitaria era un ricordo dietro le spalle. Ora lei aveva una squadra e una missione, anche se doveva ancora capire bene quale. Ma della squadra era sicura e questo era l'importante.

Si salutarono con la promessa di provare a organizzare il Capodanno insieme, questa per ora era la loro missione.

La velocità degli umani

Tutto succede alla velocità degli umani,
non ci lasciano il tempo
per rimediare ai loro errori,

per filtrare acqua e aria
che dissetino generazioni di animali,
per ricrescere rami e foglie
che rallentino il vento,
rinforzare radici
che tengano il fianco delle montagne,
allargare chiome
che rinfreschino l'aria,

rinsaldare tronchi su cui riparare nidi,
infittire cespugli in cui nascondere tane,

riempire stagni
in cui Gaia possa riposare,
e rinascere dalla cenere.

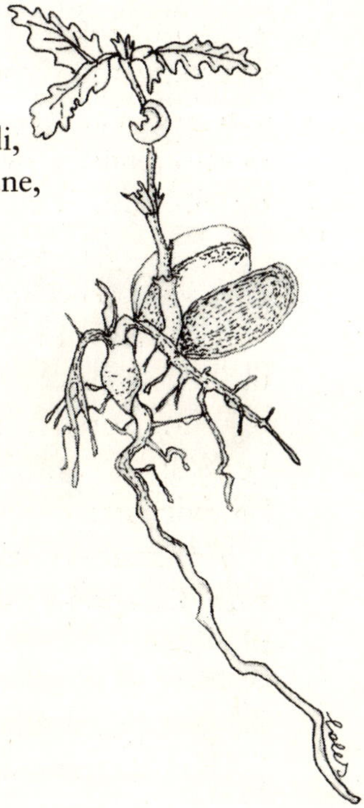

20

Edme, Léo e Quercia salivano lungo il sentiero che si faceva sempre più ripido.

La mamma aveva sospeso la punizione giusto il tempo di una passeggiatina con il cane a patto che portasse suo fratello con lei. Edme l'aveva interpretata come l'unica occasione per tornare nella sua foresta e cercare di capirci qualcosa.

Voleva ascoltare meglio quello che gli alberi le comunicavano. Ora sapeva cosa cercava, prima non si era mai concentrata sul senso, come quando si sente una canzone e ci si lascia trasportare dalla musica senza fare attenzione alle parole. Lei si era lasciata cullare dai profumi, dai suoni della foresta e da quel qualcosa a cui non sapeva dare un nome.

Non poteva esattamente dire che fosse un discorso, che gli alberi parlassero.

Ma lei sentiva, più di una volta aveva percepito il dolore di una pianta colpita dal fulmine, la debolezza di un vecchio pino che si stava addormentando senza la certezza di svegliarsi a primavera e l'entusiasmo invece dei giovani virgulti nella loro corsa verso la luce.

Ogni stagione nella foresta trasmetteva emozioni diverse, anche al visitatore più disattento. Per Edme era molto di più, lei se ne sentiva parte, quando entrava sotto la copertura delle chiome i suoi sensi si acuivano, avvertiva la presenza intorno a sé di migliaia di esseri viventi che respiravano all'unisono e pian piano anche il suo respiro si accordava.

Oggi per la prima volta aveva con sé suo fratello, gli aveva raccontato che avrebbero vissuto una grande avventura nel bosco, se lui avesse camminato senza fare storie e non avesse spifferato tutto alla mamma come un bebè.

Léo per l'orgoglio volava a dieci centimetri da terra, scortato da Quercia, il suo cane da quando lui aveva un anno. L'aveva portata a casa il papà da cucciola, poco dopo che avevano scoperto i problemi di udito del bambino. Quando la cagna era cresciuta abbastanza si erano rivolti a un'addestratrice specializzata e Quercia era stata formata come *hearing dog*. In realtà le condizioni di Léo non erano peggiorate rapidamente come avevano temuto, le sue orecchie percepivano ancora una buona parte dei suoni, ma saperlo accompagnato da Quercia faceva stare tutti più tranquilli.

Quando l'estate precedente il bambino aveva cominciato la scuola dell'infanzia, dopo la prima settimana in cui lei non si dava pace e accompagnava il suo protetto davanti all'edificio, ma dovevano portarla via a forza e arrivata a casa scappava per tornare a cercarlo, i genitori avevano dovuto chiedere il permesso per cane guida per farla ammettere in classe.

Da allora non c'era stata alcuna lamentela, anzi la maestra sosteneva che la presenza della cagna fosse benefica per tutta la classe. I due quindi erano tornati a essere inseparabili e talvolta la mamma lasciava che Léo tornasse a casa da solo, fidandosi della sorveglianza di Quercia quanto della propria.

Ora le due teste bionde avanzavano allineate lungo il sentiero in salita, la cagna sentiva l'eccitazione del bambino e tratteneva il proprio istinto di correre in avanti. Il suo dovere era lì al suo fianco. Non si erano mai allontanati così tanto dal villaggio, ma non percepiva alcun pericolo intorno, potevano avanzare sereni. Almeno finché c'era Edme con loro.

Arrivarono al limitare del bosco.

«Fratellino, sei stato bravissimo, ti meriti proprio il pane e cioccolato. Io però vorrei entrare un po' nella foresta, te la senti?»

«Certo, perché?»

«Be', è un po' buio e siamo lontani da casa, magari hai un po' paura.»

«Io non ho paura! E poi gli alberi sono buoni, non li senti?»

«Io...? Sì che li sento, ma tu? Cosa senti?»

«Mah, stanno dicendo *benvenuti*, e poi altre cose che non capisco.»

Edme rimase in silenzio a soppesare il peso di questa rivelazione, suo fratello sentiva gli alberi. Anzi suo fratello sordastro sentiva gli alberi meglio di lei, se era vero che aveva capito una parola. Provò a concentrarsi sulla foresta.

Respirò a fondo e le narici le si riempirono dei mille messaggi olfattivi che popolano il respiro del bosco. Era già odore d'autunno, a quell'altitudine erano poche le latifoglie, ciò nonostante l'inconfondibile profumo di foglie macerate dominava gli altri, si sentivano anche funghi, resina, terra, l'odore dolciastro di qualche castagno temerario arrivato fin lassù.

Chiuse gli occhi per un istante, respirò ancora, doveva avvicinarsi, toccare un tronco, non uno qualsiasi, aveva bisogno di un albero anziano.

«Léo, dammi la mano, andiamo avanti ancora un po', non molto prometto.»

Il bambino la guardò fiducioso, sfoderando l'espressione più spavalda del suo repertorio.

«Andiamo, sorella.»

Camminarono una decina di minuti, sempre in salita, la foresta cominciava sul versante alle spalle del villaggio e si estendeva per chilometri in salita, per poi scendere sull'altra costa e ricoprire l'altipiano dove era prevista la diga.

Il sottobosco all'inizio ostacolava i loro passi. Edme più volte sollevò Léo, Quercia non si allontanava di un millimetro da loro, era attenta ma non preoccupata, chissà se anche lei comunicava con la foresta. Man mano che avanzavano nel buio del bosco il terreno era più spoglio – neanche le felci crescevano sotto la chioma fitta delle conifere – facilitando il loro cammino, ma facendosi anche più ripido.

La ragazza era combattuta, avrebbe voluto abbandonarsi, chiudere gli occhi e lasciarsi trasportare dalle canzoni della foresta, erano dolci e ipnotiche, a tratti impetuose, coinvolgenti. Però aveva la responsabilità di suo fratello, non poteva distrarsi. Soprattutto non aveva molto tempo, sua madre di certo era già in pensiero, se avessero tardato troppo non avrebbe esitato a mandarli a cercare con l'elicottero.

Sapeva che per sentire davvero la foresta avrebbe dovuto rallentare, calmare il suo respiro e il suo battito, accordarsi con il ritmo lento della linfa nei tronchi. Oggi difficilmente ci sarebbe riuscita, ma doveva tentare, non sapeva quando avrebbe avuto un'altra occasione, era in punizione ancora per dieci giorni almeno.

Poi lo vide, davanti a loro, un enorme abete rosso, doveva essere vecchissimo. In realtà erano ancora ai margini del bosco, quindi non era certo il più anziano, più avanti di sicuro c'erano alberi più in alto nella gerarchia della foresta, ma la foresta aveva davvero gerarchie? In ogni caso avrebbe dovuto accontentarsi, era davvero ora di tornare indietro, si immaginava già la mamma al telefono con la Rega.

«Léo, vieni, facciamo un gioco prima di tornare indietro. Ora noi abbracciamo quel grande tronco lassù e vediamo chi capisce meglio cosa ha da dirci, ok?»

Il bambino annuì come se fosse la cosa più normale del mondo. Edme apprezzò grata la collaborazione indiscussa del fratello, ricordando per un secondo che di solito non era così, c'erano sempre almeno mille perché a cui rispondere prima di convincerlo a fare qualcosa, che fosse anche questo merito del bosco?

Si avvicinarono il più possibile al grande tronco cercando il punto in cui fosse più facile restare in equilibrio. Edme si tolse lo zaino con la merenda e lo appoggiò delicatamente a una radice. Si preoccupò per il fratello.

«Léo, hai fame? Vieni, bevi almeno un po' di succo. Sei sicuro che non ti scappa la pipì? Dimmelo, eh.»

«Shh, voglio sentire l'albero anche io.» Avrebbe approfondito dopo la questione di cosa sentisse lui, ora non avevano tempo.

Appoggiò i palmi delle mani alla corteccia rugosa e guardò in su, Léo la imitò. La prima sensazione, fortissima, fu di gratitudine. Questo gigante verde li stava accogliendo nel suo mondo, forse era questo il benvenuto che aveva sentito Léo, ora però doveva concentrarsi sul messaggio della foresta, voleva avere almeno una parola da riferire alle amiche nella prossima chiamata.

Avvicinò anche la fronte e respirò a fondo, l'odore le riempì tutti i sensi, era resina, ma non solo, era dolce, inebriante, ricordava lo sciroppo per la tosse che le dava la mamma, ma anche il liquore che i grandi bevevano ogni tanto dopo cena, ma non solo, c'era molto di più. Era come se mille odori buoni si fossero concentrati insieme e trasportassero ricordi. Le immagini cominciarono a scorrerle davanti agli occhi. La prima volta che era stata in un bosco, era nello zaino sulle spalle di papà, era piccolissima, non poteva ricordare se davvero fosse la prima volta, ma lo sapeva. La foresta l'aveva riconosciuta, già allora. Un altro ricordo: picnic in riva a un lago, c'era già Léo, questa volta era lui nello zaino di papà, si ricordava bene quel giorno, avevano preso una seggiovia in un bosco per arrivare in cima, poi avevano camminato in costa fino al lago. C'era una guida con loro, aveva parlato di alberi antichi.

Una volta avevano dormito in un rifugio tutto di legno, profumava di foresta.

Le immagini continuavano a scorrere, come in un film. In ogni ricordo, intorno a lei c'erano gli alberi, c'erano sempre stati, l'avevano sempre protetta.

Abbracciò il grande tronco, appoggiò la pancia, il cuore, la guancia destra alla corteccia rugosa e profumata. Respirò ancora a fondo, gli occhi sempre chiusi. Questa volta non voleva le proprie immagini, voleva il messaggio della foresta. Si mise in ascolto. E l'albero parlò.

Senza gli umani

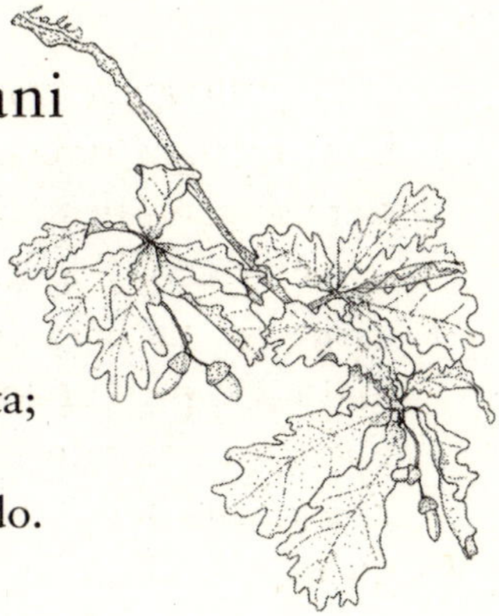

Gaia prospererà;
la legge della natura sarà ripristinata;
ci vorrà tempo,
ma avremo tutto il tempo del mondo.

Non ci sarà più fretta,
le foglie avranno tempo di crescere,
cadere
e trasformarsi in concime,
portando a terra con sé il carbonio
che avranno filtrato dall'aria;
se ne nutriranno i funghi che proteggono le radici.

L'aria tornerà limpida nell'arco di qualche stagione.

Col tempo torneranno a migrare gli animali,

Senza gli umani non saranno in pericolo,
potranno spostarsi alla ricerca di cibo e acqua,

ma anche dei loro simili,
per dare vita a una generazione più forte
di quelle cresciute nelle riserve.

Spostandosi porteranno con sé semi,
funghi, insetti e batteri,
questi messaggeri
migrando tesseranno una nuova rete,
e Gaia ricucirà i suoi frammenti smarriti.

21

«Gaia Edme Meyer, esigo una spiegazione! E prega per te che sia buona.»

«Mamma, non ti arrabbiare...»

«Sono già molto arrabbiata, tu eri già in punizione, avevi il permesso di fare una passeggiata con il cane e tuo fratello, fino al parco giochi. Dove evidentemente non siete andati, perché dopo un'ora sono venuta a cercarvi. E dopo due ore ho chiamato tuo padre, che sta tornando apposta da Lucerna. Ed eravamo d'accordo che se dopo tre ore non foste arrivati avrei avvisato il soccorso alpino. Ora sono esattamente due ore e cinquantanove minuti, DOVE SIETE STATI?!»

«Mamma, non ti arrabbiare con Edme, mi ha portato nel bosco con lei...»

«NEL BOSCO?! Quale bosco? Venite dentro, Léo, stai bene? Hai fame? Devi fare la pipì? Vieni a lavarti.»

«Fate tutte le stesse domande. Io e Quercia abbiamo sete e a me scappa la cacca.»

L'affermazione del bambino strappò un sorriso alla mamma, Edme approfittò di quello spiraglio.

«Mamma, abbiamo sentito il bosco, dobbiamo fare qualcosa per fermare la diga.»

«Fermare la diga? Sentire il bosco? Cosa diavolo stai dicendo?! Non credere di cavartela così! Io non ti riconosco più. Prima la rissa a scuola, ora metti in pericolo tuo fratello, cosa ti sta succedendo?! Vieni, Léo, ti accompagno in bagno, e tu fila in camera tua, almeno finché non torna tuo padre.»

Edme si avviò furente su per le scale, lei non avrebbe mai messo in pericolo suo fratello, e la mamma non aveva neanche voluto ascoltarla. Ma almeno nella furia si era dimenticata di ritirarle il telefono.

Il viso sorridente di Ris incorniciato dai suoi ricci indisciplinati apparve subito sullo schermo di Edme: «Ehi, amica, che bella sorpresa, l'appuntamento video con le ragazze è per domani, giusto?».

«Sì, sì, ma forse domani non avrò il permesso, sono in punizione.»

«Ancora? Cos'hai combinato?»

«Sono stata nel bosco con mio fratello. Per tre ore.»

«Ah, bello, e tua mamma non era d'accordo?»

«Non lo sapeva, non glielo avevo detto. Per lei eravamo ai giardinetti con il cane.»

«Acci. Almeno ne è valsa la pena? Mi raccomando, non farli arrabbiare troppo, mica che poi cambiano idea per le vacanze. Perché io qui sto lavorando ai fianchi i miei fratelli per essere sicura di venire a Capodanno.»

«Ris, ascolta, ti devo dire una cosa, non ho tanto tempo.»

«Ah, scusa, dimmi.»

«Nel bosco, prima, con mio fratello abbiamo sentito qualcosa.»

«Anche tuo fratello? Vuoi dire che anche lui sente gli alberi? Non me lo avevi mai detto.»

«Non lo sapevo neanche io, l'ho appena scoperto e non sono ancora riuscita a capire bene cosa sente lui. Ma io ho abbracciato un vecchio pino e ho visto un sacco di cose. Prima erano solo immagini mie, ricordi, c'erano sempre gli alberi, ma appartenevano alla mia vita. Poi ho provato a concentrarmi meglio, ero un po' di fretta, sapevo che mia mamma era in pensiero, ma per un istante io l'ho vista.»

«Tua mamma?»

«No, non mia mamma. La rete della foresta. Cioè, non so se posso davvero dire se l'ho vista, o l'ho sentita. Non sono stati proprio gli occhi a passarmi l'informazione, erano chiusi, ora che ci penso. Non so se riesco a spiegare bene. Ero lì con gli occhi chiusi, abbracciata al tronco, lo toccavo con la pancia, i palmi delle mani, una guancia e lo sentivo con un orecchio. E all'improvviso questa immagine: tutto è collegato, sottoterra e in cielo.

«Ci sono come dei fili di luce che passano nelle radici da una pianta all'altra, e anche in alto, sopra le chiome, c'è come una specie di scudo, una bolla d'ossigeno ed energia. Non lo so dire bene. Ma io, noi, eravamo parte di tutto questo, ed era bellissimo.

«Ho pensato a una rete, perché assomiglia a quelle figure delle pubblicità, quando fanno vedere che siamo tutti connessi con internet o con gli aerei. E ho anche sentito che se davvero allagassero tutto il fondovalle per la diga, spezzerebbero questa rete. E mentre immaginavo tutto questo ho sentito il dolore degli alberi, davvero l'ho sentito, come uno strappo, una ferita.»

«Urca, e poi?»

«E poi Léo mi ha stretto la mano e io mi sono come risvegliata, ed era tardi, dovevamo tornare. Avrei voluto stare di più, capire meglio. Ma di una cosa sono sicura, la diga sarebbe un disastro. Spezzerebbe in due la rete e tantissimi morirebbero e non so cosa succederebbe allo scudo nel cielo.»

«Ok. Abbiamo la nostra missione. Dobbiamo parlare con le altre. Anche se non possiamo venire subito a trovarti, forse ho un'idea di qualcuno che potrebbe aiutarci.»

«Ah, chi?»

«L'ultima volta non siamo riuscite a raccontartelo, ma all'università noi abbiamo conosciuto questa ricercatrice, che ci ha parlato di piante in un modo pazzesco, cioè, sembrava che lei credesse davvero che un tempo fossero esistite persone come noi, che comunicavano con la foresta. Magari potremmo chiederle come possiamo opporci alla diga. E quando la conosceremo meglio potremmo dirle di noi.»

«Ma è una scienziata, ci prenderà per ragazzine matte.»

«Magari, ma dovresti vederla, io ho avuto proprio una bella sensazione. Potremmo provare a scriverle e tu potresti cercare quelle ragazze di Zurigo e vedere se insieme riuscite a convincere un po' di gente. Mi hai detto che c'è ancora il referendum, no? Magari si può ancora vincerlo.»

«Sì, il referendum sarà in aprile, c'è tempo. Ma io ho un altro problema... mio padre.»

22

«*Good morning, students!*»

«*Good morning, Mrs Aubry.*»

«*Today we'll start a new project!* Sono molto felice di annunciarvi che ciascuno di voi avrà un nuovo pen-friend, sapete cosa vuol dire?»

«Penna amico?»

«Esatto! Cioè un, o una, corrispondente. Saremo gemellati con una classe di Nottingham, una cittadina in Inghilterra, l'avete già sentita nominare quando abbiamo letto insieme *Robin Hood.*»

«È la città vicina alla foresta di Sherwood?»

«Esatto, proprio quella, e con questo gemellaggio voi avrete la possibilità di allenare l'inglese e di farvi dei nuovi amici. Cominceremo subito oggi con la prima lettera. Insieme alla mia collega inglese abbiamo scelto gli abbinamenti, sulla base dei vostri interessi, ecco le schede dei vostri corrispondenti, cercate di raccontare qualcosa di voi. Mettiamoci subito al lavoro!»

Derb lesse con attenzione la scheda della sua nuova pen-friend. Si chiamava Heather Willow e dalla foto le ricordava molto Ris, ma con i capelli rossi e tantissime lentiggini.

Fino all'anno scorso non amava particolarmente l'inglese, tre lingue con cui doversela sbrigare ogni giorno le sembravano sufficienti.

Ma quest'anno era arrivata madame Aubry, con quel nome bellissimo, Amélie. Lei era l'insegnante più bella e appassionata che le fosse mai capitata, si dava talmente da fare per inventarsi nuovi progetti che nessuno in classe osava deluderla, anche i più svogliati avevano cominciato a impegnarsi. E Derb aveva iniziato ad accorgersi di quante belle cose potesse fare con l'inglese, film, canzoni, e ora una pen-friend in Inghilterra. Si fidava della sua prof, grazie a lei aveva conosciuto le altre Gaia.

Iniziò:

Dear Heather,

…

Nello stesso momento, a casa sua, suo padre apriva la porta d'ingresso.

«Relu? Cosa fai a casa a quest'ora?»

«Ho preso due ore di permesso. Sapevo che oggi iniziavi più tardi, Eva, voglio parlarti.»

«È successo qualcosa?» chiese la mamma di Derb preoccupata.

«No, tranquilla, non è successo niente, purtroppo.»

«Come purtroppo?»

«Ecco, io vorrei che succedesse qualcosa, al lavoro, intendo.»

«C'è qualche problema col lavoro?»

«No, no, problemi no. Solo che lo sai benissimo che

io ho preso al volo questo posto da operaio quando avevamo bisogno dei documenti per farvi venire tutti qui, e sono grato di esserci riuscito. Ma io sono un ingegnere.»

«Ci vuole pazienza. Si accorgeranno di quanto vali. Altrimenti cosa vorresti fare? Cercare un altro lavoro? Devi fare attenzione, qui è tutto piccolo, la gente parla, se poi il tuo capo lo viene a sapere?»

«Io non so se voglio cercare un altro lavoro...»

«Come?»

«Vorrei aprire una ditta tutta mia.»

«Ah, capisco.»

«Non sei d'accordo? Io pensavo che, adesso che i ragazzi sono più grandi e tu hai un buon lavoro dal dentista, potremmo permetterci di correre qualche rischio, all'inizio dovremmo fare qualche sacrificio, ma se poi andasse bene...»

«Se? Senti, Relu, io non voglio assolutamente deludere i tuoi sogni, capisco la tua frustrazione e i sacrifici che hai fatto per noi. Ma non puoi resistere ancora un po'? Magari salta fuori qualcosa, un lavoro migliore. Intanto i ragazzi crescono, fra due, tre anni potranno cominciare a trovarsi un lavoretto estivo e pagarsi qualche sfizio. Ma ora dipendono totalmente da noi e per la prima volta possiamo concederci qualcosa. A me piacerebbe accettare l'invito per Capodanno dell'amica di Gaia. È la prima volta che una famiglia svizzera ci invita a passare una festa con loro. Abbiamo portato qui i ragazzi perché avessero delle possibilità, perché si integrassero, non perché si sentissero più poveri di quando eravamo in Romania.»

«Mmm, speravo di poter contare sul tuo sostegno.»

«Ma tu ce l'hai, il mio sostegno, ti chiedo solo di portare ancora un po' di pazienza. E poi...»

«E poi?»

«E poi a me piacerebbe che comprassimo casa, con due contratti stabili la banca ci darebbe un mutuo, ma se tu ti licenzi...»

«Va bene, va bene, ho capito, torno al lavoro. Buona giornata.»

«Buona giornata a te.»

23

Fing quella mattina si sentiva più strana del solito. Il sogno della notte le aveva lasciato mille emozioni che non riusciva a placare. Era abituata a fare sogni bizzarri. A volte le capitava di sognare piccole cose quotidiane, che poi però si avveravano esattamente come le aveva sognate. Una volta ne aveva parlato alla mamma, ma lei era talmente impallidita che, anche se non aveva detto niente di particolare, Fing aveva preferito lasciare cadere l'argomento.

La mamma non glielo faceva mai pesare, ma Fing sapeva che non era facile per lei. Una donna giovane, che era tornata a vivere con suo padre, per crescere una bambina che padre non ne aveva e che in compenso aveva i capelli più strani che si fossero mai visti. Il tutto in un posto piccolo, dove tutti si conoscevano, e tutti parlavano.

Sapeva anche che, al bar dove lavorava, sua madre era piena di corteggiatori, ma nessuno era mai riuscito a fare breccia nel suo cuore.

Fing segretamente si domandava se fosse perché la mamma amava ancora suo padre e sognava che un giorno sarebbero tornati insieme. Ma lei di suo padre non sapeva niente e quando aveva provato a chiedere non aveva ottenuto alcuna risposta.

Per fortuna c'era il nonno. Il nonno rispondeva a tutte le sue domande, ma purtroppo non aveva mai incontrato il papà di Fing. E quando lei chiedeva troppo di lui, si accorgeva che per il nonno era un dolore, come se a lei non bastasse il suo amore. Quindi l'argomento papà era diventato un tabù.

Lei però stanotte lo aveva sognato.

O almeno credeva fosse lui, cioè, aveva sentito forte e chiaro che si trattava di suo padre, si era svegliata di soprassalto e da allora era tutta la mattina che cercava di trattenere frammenti del suo sogno.

C'era di sicuro una foresta, questo le capitava spesso in sogno, ma non era la solita foresta, sembrava tutto più grande e gli alberi erano diversi, non c'erano pini.

C'erano alberi che lei non aveva mai visto e animali strani, sembrava una giungla.

E c'erano uomini in cima agli alberi, forse anche qualche donna, niente bambini.

Erano su delle specie di piattaforme in alto sui tronchi colossali di quegli alberi strani.

Non capiva cosa stessero facendo, né in che epoca fossero. Continuava a richiamare alla mente l'immagine del sogno cercando di coglierne qualche dettaglio, un indizio, che la aiutasse a scoprire chi era quell'uomo in mezzo agli altri, con la pelle più chiara. Perché lei era certa che si trattasse di suo padre, se non altro per i lunghi capelli verdi.

Stanno facendo tutto da soli

Non abbiamo scelto di estinguere gli umani,
Gaia è accogliente,
con ogni essere vivente e inanimato.

Stanno facendo tutto da soli.
Tagliano, abbattono, disboscano,
sversano veleni in acqua, terra, aria,

e lo fanno correndo sempre più veloce,

intanto combattono gli uni contro gli altri,
unica specie a sterminare i propri cuccioli.

Forse credono di sopravvivere senza Gaia,
ma è possibile solo il contrario.

24

«Ecco, mamma, lì a destra, il cartello, siamo arrivati! Guarda, è bellissimo!»

«Ah, bene, menomale, cominciavo a essere un po' stanca di guidare nella neve.»

«Be', certo, mamma, se tu non accetti il cambio alla guida e vai a passo di lumaca, ti credo che sei stanca!»

«Benjamin, per favore non distrarmi! Certo che non posso lasciarti guidare, hai preso la patente da soli sei mesi!»

«Il che non ha impedito alla protezione civile di farmi guidare il fuoristrada su e giù per il bosco.»

«Esatto, non certo in autostrada, e poi hai bevuto!»

«Mamma, ho bevuto una birra piccola a pranzo mentre mangiavo il più buon Rösti della mia vita, sarebbe stato un delitto annegarlo in acqua! Ci avrebbero immediatamente ricacciati a sud del Röstigraben.»

«Benissimo, ciò non toglie che se bevi non guidi! Discorso chiuso.»

«Certo, se Mister intellettuale qui avesse trovato il tempo per completare il suo corso di guida su neve, adesso potrebbe darti lui il cambio.»

«Ma cosa ci posso fare io se il corso di guida era allo

stesso orario delle lezioni di storia medioevale? Già ho chiesto un sacco di dispense per conciliare con i miei turni in biblioteca, se avessi fatto ancora assenze non avrei mai passato l'esame.»

«Luca, Benjamin, per favore, non cominciate a litigare! Queste persone ci hanno invitato a passare le vacanze con loro, non ci conoscono e possiamo ancora fare bella figura. Non mi fate vergognare.»

«Mamma, questo non si avvicinava neanche lontanamente a un litigio, ma se ci tieni così tanto saremo ancora più impeccabili, sarai fiera di noi!»

«Basta che tu non dimentichi la tua metà del patto...»

«Ragazzi, siete veramente impossibili! Vi ho detto che va bene, potete fare una festa a casa quando torniamo, non fatemene pentire.»

«Mamma, mamma, dai, accelera, guarda, gli altri sono già arrivati! Quella è Derb e di fianco a lei c'è Fing. L'altro deve essere il suo gemello, Constantin, si assomigliano anche da lontano. Be', poi c'è Edme, ma la conoscete già.»

Stavano percorrendo, molto lentamente, una strada sul fondo di una valle completamente innevata. Lungo gli ultimi trenta chilometri il paesaggio era cambiato rapidamente, si erano inerpicati su per una lunga serie di tornanti, che Marie-Hélène aveva affrontato stoicamente stringendo il volante e corrugando la fronte, finché attraversando uno stretto passaggio, la cortina di montagne si era aperta su questa valle incantata. I due versanti abbracciavano il piano di fondovalle che si allargava e stringeva lungo il corso di un torrente. Il bianco ammantava ogni cosa e le briciole di villaggi sembravano uscite da un presepe. Su un laghetto ghiacciato saettavano frotte di pattinatori di ogni età. Non c'era tetto che non fosse illuminato da lucine natalizie. La loro destinazione era ancor più pittoresca del paesaggio intorno, un gruppo di piccoli chalet in legno, raccolti intorno a uno più grande che recava la scritta ERLEBNISWELT dipinta su un mezzo tronco al centro nella facciata. Nel piazzale intorno ad alcune macchine un gruppo di persone stava evidentemente facendo conoscenza, scambiandosi sorrisi e strette di mano guantate.

La vecchia Subaru 4x4 imboccò il vialetto affiancato da due muri di neve che conduceva alla reception e andò a parcheggiarsi di fianco alla monovolume della famiglia Albu. Prima ancora che la macchina fosse completamente ferma, Ris aveva già messo piede a terra e si era lanciata tra le braccia delle amiche. Le quattro strette in unico abbraccio furono prese da una ridarola inarrestabile, sotto gli sguardi felici, ma un po' imbarazzati, dei loro familiari.

«Evvivaaa! Ce l'abbiamo fatta!! CAPODANNO INSIEME!» ripetevano a turno, scoppiando a ridere. «Vi rendete conto che abbiamo convinto quattro famiglie che non si conoscevano a fare una vacanza insieme?! Siamo invincibili!»

Mentre le ragazze proseguivano la loro chiacchierata a velocità supersonica, il papà di Edme si sentì in dovere di fare le presentazioni: «Buongiorno e benvenuti, io sono Paul Meyer e questa è mia moglie Anne, il piccolino laggiù che si rotola nella neve è nostro figlio Léo con la sua fidata Quercia. E immagino sappiate che quella con la treccia bionda è nostra figlia Gaia, ops, Edme».

«Buongiorno e grazie di averci invitati» rispose subito il papà di Derb «io sono Relu Albu, piacere di conoscerla.»

«Il piacere è tutto mio, e diamoci assolutamente del tu, almeno avrò un altro uomo adulto con cui scambiare due parole davanti a un bicchiere, senza offesa ragazzi, eh. Voi dovete essere Luca e Benjamin, Edme mi ha raccontato di voi.»

«Nessuna offesa, signor Meyer, ma non si offenda neanche lei se ci uniremo a voi, mi pare di aver capito che alloggeremo con le ragazze, potremmo voler scappare...»

«Ah, capisco, comunque spero vi adatterete, ho chiamato l'albergo appena ci avete confermato, ma non era rimasta molta scelta. Quindi abbiamo sistemato tutti i giovani insieme in una casetta da otto, starete comodi, le quattro ragazze hanno una camera con due letti a castello e nell'altra sarete voi fratelli Durand insieme a Constantin, spero vada bene. Poi erano rimaste solo due casette da quattro, in una staremo noi con Léo e Quercia, nell'altra Relu, Anne e le due signore, Marie-Hélène e Diane. Cosa dite, pensate possa andare?»

«Andrà benissimo, grazie» rispose la mamma di Ris, che aveva già conosciuto in video la famiglia Meyer per organizzare lo scambio linguistico delle loro figlie «io sono Marie-Hélène» disse porgendo la mano alla mamma di Fing «mi sembra di capire che saremo compagne di stanza.»

«Piacere, io sono Diane» rispose con un sorriso grato stringendo la mano. Era talmente abituata a essere quella strana, l'unica donna sola ai ritrovi di classe di sua figlia, la più giovane, che la sola idea di condividere la stanza con questa donna dal viso gentile la metteva di buonumore.

«Be', ragazzi, se mi date una mano a scaricare la macchina, poi siete liberi di perlustrare i dintorni prima che venga buio, è tutto bellissimo. E per favore prendete anche lo zaino di vostra sorella, che mi sembra persa in altre occupazioni.»

«Certo, *Her Highness*, al vostro servizio, ci occuperemo anche dei bauli di *Her Majesty*, lei pensi solo a godersi la vacanza.»

«Voi due siete impossibili! Mi fate rimpiangere i miei allievi! Levatevi dai miei occhi. Eva, spero che tre notti in camera con questi due non diano troppi cattivi esempi a tuo figlio.»

«Non ti preoccupare, Marie-Hélène, Constantin purtroppo ha già incrociato esempi ben peggiori dei tuoi ragazzi, anzi conto che gli faccia bene, almeno loro sembrano usare le parole e non le mani.»

«Signore, qualcuna di voi è interessata ad approfittare della meravigliosa sauna che ho riservato per noi per le cinque?» chiese Anne Meyer. «Mio marito è un comunicatore di mestiere ed è riuscito a farci dare le casette, ma io l'ho convinto ad aggiungere un paio di sorprese per noi, ma soprattutto per le ragazze.»

«Mi sembra un'idea meravigliosa, ma dicci di queste sorprese!»

«Vi dico solo: *gita in slitta e notte in igloo...*»

Ris con la coda dell'occhio vide le loro madri chiacchierare fitto sorridendo, quasi un'immagine a specchio del loro incontro di pochi minuti prima, il cuore se possibile le si riempì ancora più di gioia. Sarebbe stato troppo bello se anche tra loro fosse nata un'amicizia oltre quei tre giorni insieme, ma per ora si sarebbe accontentata, era già più di quanto avesse sperato anche solo qualche mese prima.

«Ehi, ragazze, guardate là, le nostre madri...»

«Ehi, sembra vadano d'accordo» aggiunse Derb.

«Davvero!» esclamò Edme.

«Ma anche mia mamma?» si chiese ad alta voce Fing.

«Ma sì, anche tua mamma, guarda come sorride, ti sembra strano?»

«Un po' sì, ma uno strano bello.»

«Cosa facciamo adesso? Edme, devi farci vedere tutto quello che ci hai raccontato!»

«Sì, certo, da dove volete cominciare?»

«Dai cani!» risposero le altre tre senza esitazione. E Edme fu più che felice di accompagnarle al recinto degli husky. Ogni anno quando arrivava si stupiva di come i cani la riconoscessero. Aveva cominciato a carezzarli quando era più bassa di loro, e ora, anche se non erano animali inclini a troppe smancerie, la accoglievano sempre festosi.

«Ma sono bellissimi!» strillò Ris appena intravidero i primi esemplari.

«Ma quanti sono?» chiese Derb.

«Non so quest'anno, di solito in inverno sono tanti, perché i nati a primavera non sono stati ancora addestrati e restano con il branco per una stagione per imparare a trainare la slitta. Poi vengono venduti. L'anno scorso ce n'erano venticinque.»

«Venticinque?! Sono tantissimi.»

«Sono così maestosi, selvaggi.»

«Sono anche fortissimi.»

«Non dovremmo attaccarli a una slitta. È ingiusto» sospirò Fing pensierosa.

«Lo capisco, anche io da piccola la pensavo così e forse in molte parti del mondo sono davvero sfruttati. Ma qui li trattano come dei principi, non lavorano mai due giorni di seguito, sono nutriti e curati e hanno un sacco di spazio. Non so dove potrebbero stare meglio.»

«Nella foresta?»

«A proposito di foresta, ragazze, cosa vogliamo fare? Dopo quello che ci ha raccontato Edme io credo che sarebbe importante provare ad andare tutte insieme nel bosco e scoprire cosa riusciamo a sentire, che ne pensate?» domandò Ris un po' per cambiare discorso, un po' perché era impaziente di arrivare alla questione, ci aveva pensato parecchio e dall'ultima volta che si erano sentite aveva avuto alcune idee che voleva verificare.

«Ma quale bosco? Ognuna di noi finora ha sentito una sola foresta» chiese Derb dubbiosa.

«Giusto, però mi sembra che da quando ci siamo incontrate qualcosa stia cambiando. Non so se è il nostro incontro o semplicemente che ci stiamo provando di più. Ma per me è come se prima fosse stato solo un gioco, ora invece sono sicura che ci sia un messaggio da capire, che le foreste ci vogliano dire qualcosa. E poi Edme ha visto questa cosa della rete e ha scoperto che suo fratello sente le piante forse meglio delle persone.

Fing ha fatto un sogno di alberi che ci deve ancora raccontare bene, abbiamo incontrato Monica, non sono solo coincidenze. O voi pensate che sia tutto casuale?»

«No, non può essere un caso che siamo nate in posti diversi, ma abbiamo lo stesso nome e lo stesso dono, siamo d'accordo di chiamarlo dono?»

«Be', sì, per me è di sicuro un regalo» disse Edme ben felice di saper fare un gioco di parole in francese «comunque domani hanno organizzato una gita in slitta, se Fing è d'accordo. Dovrebbe essere una sorpresa, ma li ho sentiti fare la telefonata. Il sentiero passa vicino alla foresta di Boedmeren, cioè la mia, quella della diga. Non so con questa neve se riusciremo ad avvicinarci, è pericoloso perché ci sono un sacco di crepacci. Ma magari possiamo provare ad abbracciare insieme un albero. Non so, se non vi sembra una scemata, ma io ho visto veramente qualcosa, chissà cosa succede se siamo tutte insieme.»

«Mi sembra un ottimo piano! Ora però muoio dalla curiosità di vedere la nostra casetta, prima che i miei fratelli ci portino via i letti migliori. E poi vorrei proprio sapere cosa si mangia a cena, perché sento un profumino arrivare fin qui.»

«Andiamo allora, comunque per cena: fonduta, prima formaggio, poi cioccolato.»

«La prima che arriva sceglie il letto!» strillò Derb lanciandosi in corsa sul sentiero.

Ris le rispose tirandole una palla di neve che la centrò in mezzo alla schiena. Il bersaglio non perse tempo e reagì con un colpo in piena faccia della lanciatrice. Dopodiché non ci fu scampo per nessuna.

Quando varcarono la porta della casetta erano fradice fino alle ossa, ma felici come nessuna delle quattro ricordava di essere mai stata.

«Ehi, ma non è valido!» le accolse Benjamin. «Noi stavamo tenendo qui al giovane Constantin un'importante lezione dal titolo: *Come riempire di neve tua sorella*, ma voi avete già fatto tutto da sole! Abbiate un po' di comprensione, il nostro allievo sembrava promettente, dategli la soddisfazione di mettere in pratica i nostri insegnamenti...»

«Sei il fratello più noioso del mondo! E lascia in pace il gemello della mia amica!» rispose Ris lanciandogli il proprio cappello inzuppato di neve e centrandolo in piena faccia. Intervenne Luca prima che la situazione degenerasse.

«Ragazzi, dai, noi due abbiamo promesso alla mamma di comportarci bene, Ris, abbi pietà di Ben, lo sai che è un grezzone, non cadere nelle sue provocazioni. Dobbiamo dormire tre notti sotto lo stesso tetto, troviamo qualcosa di meglio da fare, per litigare abbiamo tutto il viaggio di ritorno. Che programmi avete per domani?»

Gli rispose Edme: «Mio papà ha prenotato una gita in slitta, solo per noi, per i genitori non c'è posto, quindi saremmo su quattro slitte, una di noi con uno di voi e l'ultima con l'istruttore».

«Naaa, fantastico, vi batteremo di sicuro!»

«Cretino! Non è una gara, già Fing è tutta preoccupata che i cani soffrano, se ti ci metti anche tu, non faremo mai la gita. E noi dobbiamo andare tutte e quattro nella foresta!»

«Come, scusa?» questa volta fu Luca a porre la domanda, mentre Constantin assisteva con interesse al battibecco fratelli maggiori-sorella minore, da gemello lui non avrebbe mai avuto la soddisfazione della superiorità anagrafica, ma quei due avevano davvero qualcosa da insegnargli.

«Uff, tanto è inutile cercare di non dirvelo, saremo costrette a starvi appiccicate tutta la giornata... noi dobbiamo fare una cosa speciale, è un nostro rito per il nuovo anno» Ris stava improvvisando, non voleva proprio mentire ai suoi fratelli, loro sapevano del suo rapporto speciale con gli alberi, ma non era pronta a rivelare del tutto il segreto delle sue amiche «e abbiamo deciso che domattina andremo nella foresta e troveremo il nostro albero speciale, un ricordo di questo primo Capodanno insieme, e poi ci dovremo dire dei segreti che non vi riguardano. Quindi voi ci dovete lasciare sole per almeno un'ora.»

«Ehh?! Voi quattro nane ve ne volete andare da sole nella foresta e noi dovremmo coprirvi con la mamma?! Ma tu sei matta, se vi fate anche solo un graffietto, quella ci scuoia vivi.»

«Ben, sei sempre un po' grezzo, ma in effetti questa volta non hai torto. Ris, non se ne parla nemmeno! Non so se hai contagiato le tue amiche con la tua passione dei boschi o se anche loro sono un po' matte, ma è escluso che ve ne andiate da sole a zonzo per una foresta innevata e piena di crepacci. Quindi, siccome io sono il migliore fratello del mondo, noi possiamo aiutarvi a trovare un bell'albero non lontano dal sentiero dove voi possiate fare il vostro rituale da streghette di cui non voglio sapere niente e che potrà durare al massimo un quarto d'ora perché dopo un po' a noi maschi – che vi terremo d'occhio tutto il tempo – si geleranno certe parti.»

«Uffa! Siete noiosi!»

«Aspetta, non ho finito, noi ti aiuteremo in questa tua faccenda bizzarra, e tu dimenticherai ogni segreto con cui ci hai ricattato fino a oggi. Siamo d'accordo? Non potrai più minacciare di dire nulla alla mamma.»

«E che palle! Siete veramente impossibili, perché mi sono dovuti toccare due fratelli maggiori?!... Uffa, va bene.»

«Luca, devo ammettere che stavolta hai stupito anche me, dietro quella tua aria da professorino sai essere diabolico. In un sol colpo ci hai liberati da tredici anni di minacce.»

«Esagerato, non è che io dalla culla vi minacciassi.»

«Eccome, nanetta, eccome!»

«Va be', basta, ora noi ce ne andiamo in camera ad asciugarci, non ne voglio più sapere di voi due! Immagino sia quella la nostra stanza.»

La casetta all'interno sembrava anche più grande che da fuori, soprattutto era molto più moderna di quanto la sua forma tradizionale lasciasse credere. Era tutto completamente in legno chiaro, le pareti e gli arredi fissi, si entrava in un piccolo soggiorno con due cassoni a far da divani in un angolo e al centro della stanza una stufa con lo sportello vetrato dietro cui scoppiettava un bel fuoco. Alle spalle della stufa era incastrato uno strano letto a castello a due piazze che si sarebbero divisi i ragazzi, mentre due porticine davano sul bagno e sulla camera delle ragazze. Dietro il divano una finestra si apriva sul panorama delle montagne innevate.

Le ragazze si diressero rapidamente in camera, talmente felici all'idea di passare ben tre notti insieme da non riuscire a contenere l'eccitazione. Ancora una volta quel giorno scoppiarono in risate incontenibili per nessun motivo se non la gioia dell'essere riunite. Si tolsero i vestiti fradici e tirarono a sorte per chi avrebbe dormito nei letti di sopra.

«Per me non è un problema, io dormo sempre in alto» disse Edme.

«Io invece non ci riesco mai, Constantin pianta delle scene idiote.»

«Io non ho mai dormito in un letto a castello...»

«Cosa, Fing? Davvero? Ma come mai?»

«Non è mai capitato.»

«Ma neanche in gita con la scuola?»

«Non era mai il mio turno.»

«Va be', non ci pensiamo, adesso è senza dubbio il tuo turno. Tu e Derb state in alto e io e Edme in basso, cominciamo a rimediare a qualche ingiustizia.»

«Hai ragione, Ris, noi quattro insieme non perderemo nessuna ingiustizia!»

«Cominciamo a conquistarci un bel posto a tavola, ho una fame da lupa» annunciò Edme e volentieri la seguirono verso il ristorante.

25

L'aria del mattino era così limpida e fredda da sembrare solida. L'atmosfera alla partenza delle slitte era frizzante. I fratelli Durand avevano convinto la mamma a prendersi una mattina di riposo, non avevano bisogno che si alzasse per vederli partire, avrebbe potuto aspettarli al ritorno per pranzo. Gli altri genitori avevano accolto volentieri la proposta, traendo il massimo dalla presenza di due fratelli maggiorenni e della guida a cui affidare le ragazze. Ben e Luca, fieri del loro ruolo, stavano organizzando le truppe con particolare vigore.

«Allora abbiamo quattro slitte, siamo noi due e Karl che ci guiderà, ciascuno porterà una di voi, resta da formare un equipaggio, Constantin, te la senti di guidare e portare una ragazza? Eviterei di affidarti tua sorella, so cosa vuol dire dover trattenere gli istinti fratricidi, potrebbero distrarti dalla guida. Potrebbe venire nostra sorella con te, e poi...»

«No, prego, continua pure! Dopo potresti contrattare anche quanti cammelli vale la mia dote!»

«Cammelli?!»

«Sì, brutto idiota maschilista, ci stai trattando come dei pacchi postali, *chi porta le ragazze? Te la senti di portare una ragazza?* Oh! Ma per chi ci hai prese? Magari noi quattro potremmo andarcene su due slitte e voi sulle altre, e visto che siamo più leggere arriveremo prima senza neanche affaticare i poveri cani.»

«Ehm, eh, scusate, se posso dire la mia, visto che sono io la guida» si intromise Karl, che era abituato a turisti capricciosi e si stava divertendo parecchio, «la cosa migliore sarebbe formare gli equipaggi in base al peso, cioè io e Luca che siamo i più pesanti dovremmo portare qualcuno di più leggero, per il resto fate voi. La cosa importante è che io vada davanti, i cani sono abituati a seguire la mia muta, i numeri sulle slitte vi dicono l'ordine, loro sono molto disciplinati e hanno una gerarchia di branco precisissima» aggiunse con un po' d'ironia, pensando che ancora una volta gli animali dimostravano migliore capacità di collaborazione e organizzazione degli uomini.

Sedata la discussione e organizzate le squadre si avviarono sulla pista ancora ghiacciata mentre il sole faceva finalmente capolino dietro le montagne e mille cristalli lo facevano rimbalzare riflettendo la sua luce in mille brillii.

Apriva la fila Karl con Fing, la ragazza affranta di preoccupazione per il benessere dei cani lo aveva incontrato piena di pregiudizi. Mentre lo guardava con sospetto, si era ritrovata a ricredersi riconoscendo negli sguardi che uomo e animali si scambiavano nient'altro che rispetto e dedizione, se non addirittura amore.

Li seguivano Constantin e Ris, che aveva concordato di alternarsi alla guida. Subito dietro venivano Ben e Derb, seguiti da Luca e Edme.

I cani trottavano spediti lungo il percorso ben conosciuto e la vallata sembrava risvegliarsi al loro passaggio. Uccelli si levavano in volo stridendo irritati per essere stati disturbati, scoiattoli balzavano di ramo in ramo per mettersi al sicuro da quel branco troppo simile a uno di lupi.

Fing annusava l'aria e si guardava in giro alla ricerca del punto migliore. Lo intravide all'orizzonte un po' più in alto rispetto al loro percorso.

«Karl, scusa...»

«*Ja*, cioè, sì? Tutto bene?»

«Sì, sì, bene, grazie, ma volevo chiederti, secondo te i cani sono d'accordo a portarci laggiù dove c'è quel gruppo di alberi?»

«Non so dirti se sono d'accordo, ma possiamo provare, però non è il percorso previsto. Noi a quel bivio dovremmo andare a sinistra e salire un po' fino a un belvedere con una vista bellissima su tutta la valle. Se facciamo una deviazione non faremo in tempo a fare tutto ed essere di ritorno per pranzo. E saremo nel bosco all'ombra.»

«Non c'è problema.»

«Come, non c'è problema? Magari gli altri si aspettano...»

«Le ragazze sono d'accordo.»

«Ah, e i fratelli?»

«Io non ho fratelli» rispose Fing, con un tono talmente risoluto che la guida non osò ribattere. Il suo compito era riportare cani e turisti soddisfatti a casa in tempo per pranzo, e finché non gli facevano correre pericoli stupidi o non osavano trattare male i suoi cani, lui non aveva alcun problema ad accontentarli. Quella buffa ragazzina coi capelli verdi poi gli ispirava simpatia, sembrava timida e fragile, ma si era espressa con una tale determinazione da meritarsi rispetto.

Fece segno ai cani di proseguire dritto sulla pista che si inoltrava nel bosco. Accolsero con entusiasmo quel diversivo e partirono in corsa.

Ris, in quel momento alla guida, aveva colto lo scambio tra la sua amica e Karl e capito che Fing doveva aver individuato il posto giusto per loro. Sollevò il pollice destro in aria per far segno a Derb dietro di lei, che a sua volta fece segno a Edme. Luca chiese: «Cosa state complottando voi tre con mia sorella? Devo preoccuparmi?».

«Niente da preoccuparsi» rispose decisa Edme.

Le quattro slitte filavano veloci, Constantin e Ben parevano apprezzare particolarmente il diversivo.

«Ehi, ma questi cani sono pazzeschi, guarda che potenza!»

Si inoltrarono nel bosco. Erano solo le pendici inferiori della grande foresta, che proseguiva ben più fitta lungo il versante ripido della montagna. Ma anche lì alcuni alberi più antichi svettavano maestosi. Erano stati salvati dalla legge di protezione delle foreste del 1876. La prima al mondo a riconoscere il principio di continuità, cioè il diritto di ogni generazione alle medesime opportunità di sfruttamento del bosco. Allora si parlava di sfruttamento, ma si era anche stabilito che il patrimonio forestale dovesse restare intatto. Ciò aveva permesso che si salvassero anche quelle grandi piante così vicine ai villaggi che oggi ne andavano fieri.

I cani facevano un po' più fatica lungo quella pista meno compatta, ma amavano correre nel bosco e lo fecero a perdifiato, finché non si fermarono di scatto al segnale di Karl.

«Ok, più in là non possiamo andare, la neve è troppo fresca e con il nostro carico i cani non ce la fanno.»

«Andrà benissimo qui. Grazie, Karl, ringrazia i cani da parte nostra» disse Fing con la sua voce melodica.

«Puoi farlo anche tu direttamente, sono sicuro che ti capiranno» rispose Karl con un sorriso, era intenerito dai modi di quella ragazzina.

«Ah, grazie, credevo che non dovessimo disturbarli, che i turisti non potessero avvicinarsi ai cani.»

«Non tutti i turisti. Mi raccomando comincia da Luna, la prima della fila, è la capo muta, ci rimarrebbe male se non cominciassi da lei. Una volta che ti avrà concesso il suo saluto, gli altri la imiteranno.»

Fing si avvicinò alla bellissima cagna dal pelo chiaro e le orecchie appuntite. La guardò intensamente negli occhi blu, poi abbassò lo sguardo in segno di rispetto mentre allungava la mano con il palmo in su. Luna accettò la presentazione e le leccò avidamente la mano, per poi avvicinarsi e fare lo stesso con il naso e le guance, sotto lo sguardo divertito di Karl.

«Bene, direi che i tuoi ringraziamenti sono stati accettati con piacere, ora cosa dobbiamo fare, capitana?» chiese prendendola un po' in giro.

«Potete lasciarci andare un pochino nel bosco da sole?»

«Da sole? Non credo, siete sotto la mia responsabilità.»

«Non ci allontaneremo, andremo solo fino a quel

grande albero lassù. Staremo via pochissimo, dieci minuti?»

«Ci vogliono almeno dieci minuti per arrivare e dieci per tornare indietro.»

«Va bene, venti minuti, per favore?»

Nel frattempo anche le altre slitte erano arrivate e le quattro Gaia fissavano con occhi di supplica il povero Karl, che fece fatica a resistere. Guardò Luca in cerca di conferma: «Voi siete d'accordo che si allontanino?».

«Se tu sei sicuro che da qui a là non ci siano crepacci, per il resto mi sembra abbastanza vicino da sentirle strillare se succede qualcosa. Se ci tengono a questo loro rituale da streghette, meglio farle contente ora e non rovinarci Capodanno. Se però non tornano puntuali, le vado a prendere io per le orecchie.»

«Crepacci non ce ne sono, ma facciamo che vi portate un cane, nella neve è facile perdere l'orientamento, Bianca invece saprebbe ritrovare il branco a occhi chiusi» disse Karl slegando un cane dalla seconda muta e facendole un segnale che evidentemente le indicava di non perdere di vista le ragazze «venti minuti e vi voglio qui.»

«Sissignore!» rispose Ris con un'espressione finto seria.

E le quattro amiche si inerpicarono più rapidamente che potevano verso il fitto del bosco, accompagnate da Bianca che balzava avanti e indietro intenta a tenere unito il suo gregge di ragazzine.

26

«Ragazze, non ci credo, ce l'abbiamo fatta! Non speravo più che saremmo riuscite a liberarci dei nostri fratelli» esclamò Ris con entusiasmo.

«Solo per poco però» sbuffò Derb.

«Meglio che niente, intanto siamo insieme nella foresta» esclamò Edme.

«Dobbiamo arrivare a quel grande albero» disse Fing «l'ho sognato stanotte.»

«Cosa hai sognato?»

«Non lo so bene, ma quando prima l'ho visto dalla slitta era come se lo conoscessi già. E ora che siamo qui assomiglia al sogno che ho fatto stanotte. Camminavo con voi nel bosco verso un grande albero.»

«Bene, andiamo allora.»

Accelerarono per quanto la neve fresca lo consentiva. Per pochi minuti avanzarono senza parlare, il silenzio rotto solo dal rumore dei loro passi e respiri. Poi Ris chiese: «Ragazze, voi sentite qualcosa? Cioè, gli alberi, li sentite? Perché io qui niente di niente».

«No, per ora nulla neanche io. Tu, Fing?»

«Mmm, no. Magari perché non siamo nella nostra

foresta. Tu, Edme? Dovresti essere vicina a dove hai visto la rete, no?»

«No, però è strano, io sono felicissima di essere con voi, ma quando eravamo all'Arboretum era diverso, anche se non abbiamo sentito gli alberi, tra di noi era così...»

«Intenso?»

«Esatto! Sì. Quel giorno io mi sono sentita come più viva, collegata a voi, e poi quando sono tornata nella foresta ho visto quelle immagini così forti, pensavo che sarebbe stato sempre così, che avrei capito sempre meglio le piante, cioè tipo di essere passata a un nuovo livello.»

«E che tutte insieme avremmo ricevuto una missione da compiere!» concluse Ris che di questo era più che convinta «e Fing ha anche fatto quei sogni... io sono sicura che voglia dire qualcosa.»

«Proviamo a raggiungere quell'albero là» le incoraggiò Edme «proviamo a fare quella cosa che avevamo detto, abbracciamo il tronco tutte insieme.»

Fecero un ultimo sforzo accompagnate da Bianca, che percepiva le loro emozioni e scodinzolava avanti e indietro eccitata.

Il grande cembro era lì da almeno trecento anni, scampato agli abbattimenti dei secoli precedenti, da quando la foresta era tutelata, era cresciuto maestoso, nutrito dall'humus del fondovalle. Ogni dieci anni aveva affidato i suoi semi alla nocciolaia. Questa salvatrice del bosco alpino rompe con il becco il guscio dei pinoli, se ne riempie la gola e li trasporta al suolo dove scava delle buche per il suo prezioso tesoro. Spesso però dimentica uno dei suoi magazzini e questo si trasforma nell'incubatrice perfetta per i figli del cembro. Grazie a lei la sua grande famiglia prosperava e si stava riprendendo dai secoli di tagli feroci in cui tutti volevano una stanza profumata di cirmolo.

Ora il cembro poteva ritenersi soddisfatto, aveva vissuto una lunga vita, era forte e sano, davanti a sé aveva ancora qualche secolo e le sue radici sentivano la sua progenie in ogni direzione: quando inviava un suono di controllo, riceveva risposte anche dai suoi pronipoti. Poteva affrontare l'inverno sereno, dormendo.

Qualcosa lo solleticò nel suo piacevole letargo. Era come un calore su alla base del tronco. Non era male. Niente odore di fumo. Nessun pericolo da segnalare ai più giovani.

Forse era un raggio di sole che penetrava fin lì da un nuovo varco lasciato sgombro da quelle volatili delle latifoglie. Piacevole comunque. Ma lui era abbastanza vecchio da non farsi ingannare, chissà quanti giovani virgulti potevano cascare nella trappola di un raggio di sole invernale, risvegliarsi, pompare linfa al massimo credendo di arrivare primi alla corsa primaverile, e invece rischiare la corteccia alla prima gelata. Con i secoli le stagioni erano cambiate, bisognava essere ancora più avveduti, raccogliere molti segnali, dal cielo e dalla terra, con l'olfatto, la vista, il tatto, l'udito, e gli altri quindici sensi che li rendevano più raffinati degli umani. E soprattutto bisognava avere la pazienza di aspettare il segnale dalla rete. Quando era giovane aveva imparato tutto quello che c'era da sapere sentendo la rete. Alberi anziani lanciavano regolarmente a distanza lezioni di sopravvivenza. Insegnavano come comportarsi in autunno, prepararsi all'inverno, dare il massimo in primavera e fare scorte in estate. Aveva visto germogli indisciplinati crescere senza sosta, pensando di vincere la guerra per la luce, e poi ritrovarsi lunghi e fragili in mezzo ai venti autunnali, o spezzarsi sotto il carico della prima neve. Ma aveva visto anche amici spezzati dalla frana ricevere nutrimento dalla rete, finché non erano stati forti abbastanza da far ricrescere le proprie foglie e poter ricominciare la fotosintesi. La rete avvisava sempre quando cominciava la primavera. Altrove c'erano fratelli che vedevano per primi lo sciogliersi della neve e lanciavano il segnale, perché tutti si svegliassero in tempo, senza perdere un giorno di primavera. Per ora però nessun segnale.

Poteva continuare a dormire.

«*FIIII, FIII, FIII.*» I tre fischi squarciarono l'aria e Bianca scattò sull'attenti e si mise a uggiolare nervosamente. Quando si rese conto che il suo gregge non si muoveva, si agitò ancora di più e passò all'azione. Con il muso cominciò a spingere alternativamente una o l'altra delle ragazze che erano ancora immobili abbracciate alla corteccia rugosa dell'albero di cui riuscivano a contenere a malapena la metà della circonferenza. Quando ancora queste non si muovevano, passò al metodo infallibile di qualsiasi mamma cane: in mancanza della collottola, con gli incisivi afferrò delicatamente una chiappa di Derb e cercò di tirarla via dall'albero.

«Ahia! Bianca mi ha morso il sedere!»

«No, dai, se avesse voluto morderti ora ne mancherebbe un pezzo, ricordati che è più simile a un lupo che a un cane» disse Edme, che ricordava come Quercia riportava all'ordine lei e suo fratello nella stessa maniera.

«Mi sa che dobbiamo proprio tornare» sospirò Fing.

«Se non vogliamo tutte essere marchiate sulle chiappe come Derb!» scoppiò a ridere Ris.

La risata fu contagiosa e percorsero i dieci minuti in discesa sghignazzando e cadendo a turno nella neve fresca, il che fece innervosire Bianca, che voleva riportare al più presto il suo gregge da Karl. Ma fece bene alle ragazze che non volevano ancora dare voce alla loro delusione.

Quando raggiunsero i ragazzi, questi le rimproverarono più per dovere che per convinzione. Si vedeva che avevano passato l'ultima mezz'ora tempestando di domande Karl. Constantin voleva sapere quanto veloce andavano le slitte nelle gare. Ma soprattutto Ben, che solo da poco lavorava nel bosco, era interessato a tutte le attività all'aria aperta e ora conosceva tutti i cani per nome e ne era molto fiero: «Allora, principesse, vi siete decise a rientrare?! Guardate che qui siamo in trenta ad aspettare solo voi. Regina mi ha detto che vuole tornare dai suoi cuccioli, non ha tempo da perdere».

«Regina?»

«Certo, la capo muta della mia slitta. Andiamo molto d'accordo noi.»

«Perché ancora non ti conosce» ribatté sua sorella mentre rimontavano tutti in slitta e si avviavano rapidamente a casa. Erano tutti affamati, umani e cani; i primi sapevano che li aspettava un buon pranzo e poi un pomeriggio tranquillo per prepararsi alla notte di Capodanno.

Le figlie di Gaia

Da quando gli umani si sono allontanati,
hanno provato a separarsi da Gaia,
solo qualcuno ha tentato di tornare.

Quando nascono,
per pochi istanti
siamo ancora una cosa sola,
i cuccioli sono cuccioli di Gaia.

In quel momento
le madri sentono,
si riconoscono in Gaia,
le affidano le proprie figlie

che imparano a comunicare con la foresta
prima di imparare il linguaggio degli umani.

Poi accelerano,
si allontanano,
non ascoltano più,
e le foreste ferite
non rispondono ai piccoli umani.

27

Edme, Ris, Fing e Derb erano sdraiate sui letti a castello nella loro camera. Appena rientrate dalla gita erano state travolte dai genitori festosi e ansiosi di mettersi a tavola. Per non deluderli avevano dovuto fingere che la gita fosse andata benissimo e mostrare la massima gratitudine ai genitori di Edme per averla organizzata.

Ora però erano solo loro quattro e potevano esprimere liberamente la loro delusione.

«Ragazze, ma secondo voi avremmo dovuto fare qualcosa di diverso per sentire la foresta?» chiese Edme.

«Tipo?» rispose Ris.

«Boh, non so. Io finora non avevo mai pensato troppo a come funzionava questa cosa con gli alberi. Mio fratello non vuole neanche che parliamo di come sentiamo le emozioni tra di noi.»

«Cioè?»

«Eh, io e Constantin molto spesso sappiamo come sta l'altro anche senza vederci. Soprattutto se è molto stressato. Sembra una cosa bellissima, ma a volte è una palla. Tipo quando eravamo appena arrivati qui, ogni test a scuola era un momento di panico e dovevamo vivercelo doppio. Io sentivo la sua ansia, lui la mia. Poi ci si abitua, dopo un po' si impara a non sentire tutto.»

«Credete che sia successo qualcosa del genere? Io da piccola mi ricordo che sentivo fortissimo le piante, non solo con le orecchie, riconoscevo i profumi, le sentivo sulla pelle anche senza toccarle. Il nonno mi portava spesso nel bosco, da quando stavo nel suo zaino. Poi forse ho un po' smesso di ascoltare. Cioè, a volte sentire troppo è doloroso. Forse per questo non abbiamo sentito quel pino» raccontò Fing.

«Io in Romania sentivo le foreste gridare di dolore a chilometri di distanza. Quando lo dicevo pensavano che avessi gli incubi, ma io lo so che era vero. Solo che ho smesso di dirlo. Poi siamo emigrati e qui gli alberi non soffrono così tanto. Però li sentivo. Ma non ne ho più parlato. Già ero la straniera, ci mancava di essere anche la strana.»

«Sentite, scusate la domanda, ma voi avete già avuto le mestruazioni?» chiese Ris diretta come sempre.

«Io sì, a dodici anni, ma perché lo chiedi?» rispose altrettanto direttamente Derb.

«Mi è venuta in mente una cosa scema, ma non so più che pensare per spiegarmi il silenzio della foresta. Sapete che esiste una superstizione che dice che le donne con le mestruazioni non devono toccare le piante? Magari noi abbiamo smesso di sentirle come quando eravamo piccole perché abbiamo le mestruazioni.»

«Ma va'! Ris, da te non me l'aspettavo, è la più maschilista delle superstizioni. Anzi, quando abbiamo le mestruazioni casomai sentiamo fin troppo le cose. Ci deve essere un'altra spiegazione» ribatté Derb.

«Forse avevamo troppa fretta» suppose Fing.

«O forse la foresta sta semplicemente dormendo. Io non posso dire di non aver sentito nulla. Mentre abbracciavamo il tronco, ho sentito come una grande calma e la voglia di addormentarmi. Comunque hai ragione, Fing, avevamo fretta, e la foresta non va mai veloce» intervenne Edme.

«Ora però, se vogliamo farci tutte la doccia prima che i maschi riducano il bagno a una palude, dobbiamo fare in fretta davvero, altrimenti passeremo il Capodanno in coda al bagno!» concluse Ris e una alla volta si alternarono sotto il potente getto della doccia più confortevole della loro vita.

Edme e Ris furono le prime a uscire e mentre si asciugavano i capelli, Ris chiese: «Ehi, come sta andando la campagna del referendum?».

«Boh, dopo la mia punizione ho cercato di non cacciarmi ancora nei guai. Veramente speravo che in questi giorni avremmo trovato insieme un modo per opporci. Speravo anche che la foresta ci desse qualche indicazione un po' più chiara. Io ho visto benissimo che bisogna evitare a ogni costo che le spezzino in due, ma cosa ci posso fare, sono solo una ragazzina.»

«Siamo quattro ragazzine, se è per questo.»

«Grazie. Ma cosa possiamo fare? Quella Monica ti ha risposto?»

«Ops, colpa mia, mi sono incasinata e non ho scritto, ma se vuoi lo facciamo insieme» rispose Ris, e vedendo la faccia pensierosa della sua amica aggiunse: «Anzi, dai, facciamolo subito, così se vede che abbiamo scritto la notte di Capodanno capirà che è una cosa importante e che ci teniamo davvero».

Cara professoressa,
mi chiamo Gaia Durand e insieme a due mie amiche abbiamo partecipato al suo laboratorio durante la giornata Porte Aperte *all'UniL. Forse si ricorda, sono quella che l'ha disturbata mentre parlava con i suoi colleghi e mi ha dato il biglietto da visita.*
Ecco, oggi io le scrivo perché una nostra amica che abita a Muotathal ha un problema. Cioè, non è proprio un suo problema, ma ci riguarda davvero tutti. Stanno progettando un'enorme diga che allagherebbe il fondovalle sommergendo la parte centrale della foresta. L'unica speranza di fermare questo progetto è il referendum che si terrà in aprile. Noi siamo sicure che spezzare in due una foresta così antica sia un danno irreparabile, ma non sappiamo come farci ascoltare, e soprattutto credere. Magari lei può darci qualche consiglio, o se è d'accordo potrebbe scrivere al Comune e convincerli.
Poi ci sarebbe anche un'altra cosa, di cui però preferiremmo parlarle di persona. Potrebbe darci un appuntamento?
Grazie mille e buon anno!

Gaia Durand

28

I tre giorni insieme volarono in un soffio. Per la notte di Capodanno i genitori di Edme avevano preparato una grande sorpresa: ragazze e ragazzi la trascorsero in due igloo costruiti apposta nel campo innevato dietro le casette, un momento magico che avrebbero ricordato per sempre.

Il primo dell'anno le famiglie erano andate insieme a fare una passeggiata con le ciaspole rientrando la sera alla luce delle fiaccole.

Ora nel parcheggio era il momento dei saluti e le quattro amiche erano strette ancora una volta in un unico abbraccio, che però aveva un sapore diverso da quello di tre giorni prima.

«Promettete di scrivere appena arrivate a casa!» chiese Edme.

«Certo! E tu mandaci una foto del tuo albero parlante. Dobbiamo risolvere questo mistero, non possiamo esserci appena incontrate e aver perso il nostro dono!» rispose Ris.

«Forse aveva finito il suo compito. Cioè forse la foresta doveva farci incontrare» ipotizzò Fing con il suo tono sognante.

«Forse, e già sarebbe una cosa bellissima!» aggiunse Derb «io non ho mai avuto delle amiche come voi.»

«Neanche io!» confermò Edme.

«Ok, noi due ci rivediamo a febbraio, quando verrò per lo scambio. Con Derb e Fing dobbiamo organizzare un'altra domenica, approfittiamo della settimana delle pagelle quando a scuola non c'è niente da fare, magari potreste venire a dormire da me.»

«Andate assolutamente, la sua camera è fantastica! E quando siete insieme mi chiamate.»

«Sì, però dobbiamo riuscire a rivederci di nuovo tutte e quattro e andare in un bosco che non sia in letargo.»

«Quando abbiamo la prossima vacanza?»

«Ragazze? Allora, chiudete con questi saluti, non possiamo stare qui fino a Pasqua!» le chiamò Marie-Hélène, preoccupata per il lungo viaggio che li aspettava, dando nello stesso tempo la risposta che cercavano le quattro amiche.

«Perfetto! Mia madre ha detto Pasqua, abbiamo il viaggio in macchina per convincere i genitori a rivederci a Pasqua!» annunciò Ris.

Non restava quindi che scambiarsi un ultimo saluto con Edme, ma partivano con la certezza che questa sarebbe stata solo la prima di una lunga serie di vacanze insieme.

La foresta le aveva fatte incontrare, ne erano sicure. E ora sembrava che anche le loro famiglie si fossero trovate. Diane e Marie-Hélène parevano sul nascere di una nuova amicizia, i ragazzi ci avevano messo meno di un'ora a trovare il cameratismo dei fratelli, e anche il papà di Edme e quello di Derb avevano chiacchierato animatamente durante tutta la passeggiata e si erano salutati con una stretta di mano e la promessa di risentirsi presto.

Non potevano chiedere di meglio per il nuovo anno.

Cara Gaia,
innanzitutto grazie per il suo messaggio che ho ricevuto con gran piacere. Sono sempre contenta di incontrare delle ragazze interessate alla scienza e a difendere le nostre preziose foreste. Il mio giorno di ricevimento studenti è il mercoledì dalle 14 alle 18, se volesse venire sarà la benvenuta.
Per quanto riguarda la richiesta di scrivere al Comune di Muotathal, purtroppo non posso accontentarla. Lo farei volentieri, anche se dubito che la mia parola cambierebbe qualcosa, ma la nostra università ci sconsiglia vivamente, diciamo proibisce, di esporci in prima persona in questo genere di situazioni.
Se può però esservi utile, consiglio a lei e alle sue amiche di guardare alcuni progetti di microdighe, che in altri casi sono state accettate come alternativa valida e con un minore impatto sull'ambiente rispetto a grandi muraglioni di cemento.
Quando ci si scontra con un grande progetto spesso le argomentazioni a favore sostengono che sia l'unica soluzione possibile per quel problema, mostrare che esistono delle alternative sostenibili è sempre un buon argomento.

So che forse la mia risposta vi deluderà, ma se davvero avrete voglia di venirmi a trovare, sarò felice di farvi vedere il mio lavoro e spiegarvi a voce la mia posizione. Un caro saluto, buon anno anche a voi!

Monica Galeano
Dr. PhD Botanics
Associate Professor Evolutionary Ecology
UniL

29

«Ragazze, abbiamo un problema! Un altro» annunciò Edme. Era domenica e come promesso erano tutte e quattro in videochiamata per salutarsi con calma l'ultimo giorno prima della fine delle vacanze. «Mio padre...»

«Ha proposto di trovare al mio un lavoro alla diga! Lo sappiamo, nel viaggio di ritorno mio padre in macchina non parlava d'altro: "Ma che tipo in gamba, Paul, forse questa è la volta buona che trovo un lavoro interessante..."» concluse Derb.

«Anche il mio! Continuava a ripetere: "Ecco, vedi che magari riesco a fare qualcosa di buono con questa diga, quel Relu mi sembrava proprio una brava persona. Almeno tutta la pazienza che ho dovuto avere con il capo sarà servita a qualcosa. In fondo è vero che la diga offre buone opportunità di lavoro per la valle...". A quel punto io mi sono infuriata, prima ho provato a stare calma e a dirgli che secondo me la diga era un disastro per la foresta e per il futuro della valle. Poi però lui insisteva e io sono sbottata e ci siamo detti cose orribili.»

«Urca, mi spiace, pensi di poter recuperare?» chiese Derb, che era riuscita a non ribattere a suo padre solo perché con lei in auto c'erano anche Ris e Fing.

«Non lo so. Lui mi ha detto che sono una ragazzina e cosa ne voglio sapere io dei problemi di lavoro, di quello che si deve fare per mantenere una famiglia. Io gli ho risposto che a lui importa più dei soldi che del futuro dei suoi figli e del pianeta.»

«Acci, roba pesante. Menomale che il vostro viaggio era più corto del nostro» intervenne Ris cercando di sdrammatizzare. «Comunque io ho una buona notizia, o almeno potrebbe diventare una buona notizia.»

«Dicci!»

«Ha risposto la professoressa dell'UniL, non ha accettato la nostra proposta di scrivere al Comune, ma mi ha suggerito una cosa su delle microdighe che poi vi mando. Magari, Edme e Derb, potete guardarvi un po' questi progetti e provare a parlarne coi vostri padri o con quelle ragazze di Zurigo, boh non so, lei diceva che potrebbe essere una buona strategia per vincere il referendum.

«Ma la cosa più importante secondo me è che ha proposto di andarla a trovare nel suo giorno di ricevimento studenti. Io vorrei andarci il prima possibile, mercoledì finisco scuola a mezzogiorno, in treno o autobus è circa mezz'ora. O mi faccio accompagnare da Luca. Comunque vorrei incontrarla e, se siete d'accordo, vorrei parlarle di noi e chiederle di aiutarci a capire perché sentivamo gli alberi e perché non li abbiamo più sentiti. Lo so che magari mi prende per matta, ma io ho avuto una bella sensazione quando l'abbiamo incontrata. E poi lo sapete, io sono convinta che noi quattro abbiamo una missione da compiere.»

«Io ci sto, non so però se io e Fing ce la facciamo a

venire mercoledì, per noi è almeno un'ora di treno. Te la senti di andare da sola?»

«Nessun problema! Almeno se c'è da fare una figuraccia, la faccio solo io. Invece se va bene, magari la incontriamo un'altra volta insieme. Che ne dite? Fing, sei più silenziosa del solito, tutto bene?»

«Sì, sì, stavo pensando a un sogno che ho fatto stanotte. C'era una foresta, come sempre, ma questa volta c'era una donna che non avevo mai visto in sogno. E ora che ti ho sentita parlare, mi è venuto in mente che forse era quella Monica.»

«Ottimo, era buona o cattiva nel tuo sogno?»

«Sicuramente buona, ma forse anche qualcosa di più, lei mi dava la mano mentre camminavamo nel bosco e insieme carezzavamo i tronchi, e poi ne abbiamo abbracciato uno gigante e abbiamo appoggiato l'orecchio alla corteccia ed era bellissimo, ma appena speravo di sentire il messaggio dell'albero, la mamma mi ha svegliata. Ha quest'idea che l'ultimo giorno di vacanza bisogna alzarsi presto per riprendere il ritmo e non essere stanchi a scuola.»

«No va be', sembra mia madre, ecco perché si sono piaciute subito. Però questa cosa del sogno è perfetta! Ora sappiamo che Monica sarà nostra alleata.»

30

Diane Giraud quella notte aveva sognato il padre di sua figlia. Era tanto che non le succedeva.

Nei primi tempi, quando era scappata dalla giungla amazzonica con la loro bambina in pancia, lui aveva cercato di raggiungerla in sogno ogni notte. E ci era sempre riuscito.

Lei sapeva che lui lo faceva davvero, entrava nei suoi sogni di proposito.

Quando erano insieme riusciva a farlo anche da sveglia, comunicava senza parole, direttamente nei suoi pensieri.

All'inizio aveva interpretato quella magia come segno della grandezza del loro amore. Aveva totalmente sposato la sua causa e il suo stile di vita.

Vivere sugli alberi più grandi del mondo, imparare a comunicare con loro e difenderli a rischio della propria vita le era sembrato un modo di esistere meraviglioso, l'unico giusto per lei.

Fino a che non aveva sentito una nuova vita nascere dentro di lei.

Allora aveva cominciato a farsi mille domande e ad avere mille preoccupazioni. Le era mancata immensamente la sua mamma, morta ormai da molti anni, ma anche suo padre, che aveva abbandonato in fretta e furia per partire alla scoperta del mondo. Si era sentita tremendamente sola.

Aveva provato a parlargliene. Ma lui l'aveva guardata quasi indignato: come faceva a sentirsi sola nel mezzo di quella foresta pulsante di vita, circondata da così tanti esseri viventi, non sentiva come li avevano accolti? Ormai loro ne erano parte, e insieme si sarebbero occupati della nuova vita in arrivo, non c'era nulla di cui preoccuparsi, la foresta avrebbe provveduto a tutto. Come faceva a non sentirla?

Lei non sapeva cosa avrebbe dovuto sentire, ma di certo non si sentiva sicura. Si era semplicemente fidata di lui, come milioni di donne innamorate ogni giorno.

Ma Diane non aveva mai udito veramente gli alberi. Li aveva amati, si era sentita in dovere di proteggerli, era pronta a combattere perché tutti i paesi adottassero una legge di protezione delle foreste come quella che da quasi centocinquanta anni salvaguardava gli alberi nella sua Svizzera. Ma non aveva stabilito con le piante un contatto magico come lui.

E ora sentiva sempre più forte la nostalgia del suo tranquillo paese alpino.

Se l'alternativa era partorire su una piattaforma in cima a una sequoia o in un pulito ospedale svizzero con dei medici che parlavano la sua lingua, la seconda ipotesi era ogni giorno più rassicurante.

Aveva cercato di fargli capire che voleva tornare a casa per il parto, che lui sarebbe potuto rientrare con lei, che avrebbe potuto continuare la sua battaglia dalla

Svizzera, e magari quando la bambina – era certa fosse una femmina – fosse stata più grande, sarebbero tornati insieme nella foresta.

Lui non le aveva detto esattamente di no, aveva quel modo suadente di parlarle, le sue parole sembravano poesia, ma non rispondevano mai veramente alle sue domande, come se lui vivesse già in un altro tempo, nel ritmo rarefatto degli alberi.

Mentre lei sentiva Gaia crescere ogni giorno dentro di sé, e voleva vedere un medico, accertarsi di avere tutte le vitamine che servivano a far crescere bene la sua bambina, avere qualcuno accanto a lei che potesse garantirle di saper intervenire se ci fosse stato qualche problema il giorno della nascita.

E se la piccola non fosse stata in posizione, o se avesse avuto il cordone intorno al collo, se fosse stato necessario un cesareo?

Tutte queste domande affollavano i suoi giorni e angosciavano i suoi sogni, ma poi lui entrava nel sogno e lo trasformava in immagini di foreste a primavera, ruscelli limpidi, cerbiatte che partorivano in un soffio sull'erba tenera di una radura. Lei così riposava serena e rimandava ancora la partenza.

Fino al giorno delle harvest, quelle terribili macchine abbattitrici, che in pochi minuti facevano sparire decine di alberi e in un giorno annientavano chilometri di foresta.

Le stavano aspettando, ne avevano parlato mille volte, erano il loro nemico principale e loro si sarebbero opposti con i loro corpi agli abbattimenti, avrebbero girato dei video e li avrebbero messi direttamente in rete per mostrare le atrocità di cui erano capaci le compagnie del legname.

Ma ora il suo corpo non era solo suo, lei non era libera di mettere a rischio la propria vita. Ma lui sembrava non capirlo.

Anzi, per una frazione di secondo aveva avuto l'impressione che fosse felice di riprenderla ai piedi della sequoia, che chiedesse all'occhio della videocamera di inquadrare bene la sua pancia, che si vedesse che i cattivi non si fermavano neanche davanti a una donna incinta.

E lei era scappata. Senza voltarsi indietro, senza guardare in faccia nessuno, senza un saluto.

Era arrivata non ricorda neanche come all'ambasciata, aveva telefonato da un bar sperduto nel nulla al numero di emergenza dell'assicurazione sanitaria che suo padre non aveva mai smesso di pagare per lei, aveva detto dov'era e che era incinta.

Avevano organizzato tutto loro con efficienza elvetica. Tre giorni dopo abbracciava suo padre all'aeroporto di Ginevra.

Due strani in mezzo ai passeggeri in abiti d'affari. Lui da sempre vestito per camminare nei boschi, lei che usciva da un bosco per la prima volta dopo tre anni. Lui aveva visto la pancia e non aveva chiesto nulla. «Andiamo a casa, Diane» aveva detto. E non ne avevano mai più parlato.

Le prime notti lo aveva sognato, barricato sulla sequoia davanti alle abbattitrici, bello e fiero con i suoi capelli verdi al vento.

Con l'avvicinarsi del parto i sogni si erano fatti più

intensi, la cerbiatta che partoriva nella radura continuava a visitarla.

Poi, dopo la nascita di Gaia era troppo stanca anche per sognare. Pian piano i sogni si erano diradati e la vita era andata avanti.

Quello che Diane non sapeva era che Gaia aveva cominciato a sognare foreste abitate da un uomo coi capelli verdi.

31

Suo fratello Luca le aveva ripetuto le istruzioni una decina di volte, sua madre qualche centinaio, ma Ris era talmente determinata ad arrivare all'appuntamento con la professoressa Galeano che non si sarebbe fatta scoraggiare da nulla al mondo. Quel mercoledì sua madre aveva un consiglio di classe e suo fratello avrebbe finito le lezioni alle 14.30, giusto in tempo per tornare a casa con lei, ma non per fare insieme il viaggio di andata. Doveva andarci da sola.

Ci avrebbe messo meno tempo se avesse preso il treno diretto per Losanna e poi la metropolitana fino al campus. Ma la sola idea che lei girasse da sola per la città aveva fatto impallidire la mamma, avevano quindi dovuto trovare un compromesso: aveva preso un treno locale, sempre pieno di studenti del liceo, era scesa nella piccola stazione di Morges e aveva preso un autobus che dopo un tragitto di venti minuti lungo il lago l'aveva depositata davanti al centro sportivo dell'università.

Ora stava risalendo lungo il percorso attraverso il prato che conduceva al dipartimento di biologia.

Pensò che non doveva essere male studiare lì, in mezzo al verde, con davanti il lago e le montagne, le pecore a fare da tosaerba.

Il panorama la rassicurò, dandole quel poco di coraggio che ancora le mancava.

Era convinta di voler incontrare Monica, ma durante il viaggio le era presa un po' di timidezza e aveva cominciato a dubitare di riuscire a trovare le parole giuste. Ma ormai non poteva più tirarsi indietro.

Per il timore che qualcuno potesse fermarla, si atteggiò con l'aria più sicura che riuscì a simulare, non avrebbe chiesto indicazioni a nessuno. Aveva appuntato Amphipole primo piano stanza 344, si ricordava l'edificio dalla loro precedente visita, prese l'ascensore e si ritrovò in un corridoio pieno di porte vetrate, sulle cui targhette azzurre si leggevano i nomi degli occupanti.

Quella della professoressa Galeano era l'ultima del corridoio, di fronte all'ingresso dei bagni.

La porta era socchiusa e all'interno si vedeva una piccola stanza con al centro una vecchia scrivania circondata, su ogni superficie disponibile, di libri e piante. Gli scaffali ospitavano vasi pieni d'acqua da cui pendevano pothos dalle foglie striate grandi come mani, trasformando la libreria in una parete verde. Sul davanzale della finestra erano allineati vasi di succulente dalle forme più ardite, cactus lunghi e dritti come pali della luce, un'echeveria cresciuta fino a strabordare dal contenitore che non si capiva come non si ribaltasse, un albero di giada che coi suoi rami disegnava ricami d'ombra sul vetro. In un angolo si intravedeva un enorme vaso che conteneva il più rigoglioso fico beniamino che Ris avesse mai visto, toccava il soffitto e ricadeva come un baldacchino sopra la scrivania.

Monica Galeano sollevò la testa dai fogli che stava correggendo e sorrise alla sua giovane ospite.

«Buongiorno, sei Gaia, giusto?»

Ris rimase qualche secondo immobile incantata dalla scena, quella donna sembrava veramente aver trasformato il suo ufficio in una piccola giungla. Oggi i suoi lunghi capelli neri erano sciolti sulle spalle e anche loro avevano qualcosa di vegetale, come quelli di Fing, non il colore, ma la consistenza. E gli occhi che la guardavano erano rassicuranti quanto una vecchia quercia. Sentì immediatamente di potersi fidare. «Prego, accomodati nella mia piccola foresta, sì, lo so che non è bello chiudere delle piante in una stanza, ma le ho adottate, qualche mio collega le aveva destinate alla pattumiera, e negli anni io le ho raccolte, ora non saprei come portarle fuori di qui.»

«Buongiorno, veramente mi faccio chiamare Ris, dal bosco di Risoux, lo conosce?»

«Certo che lo conosco, è un bosco bellissimo. E come mai hai il nome di un bosco?»

«Non solo io, anche le mie amiche. Vede, noi... ci chiamiamo tutte e quattro Gaia, ma abbiamo scelto di chiamarci Derb, come Derborence, Fing, come Finges, Edme come Boedmeren.»

«Ma che bello! E avete deciso tutte insieme di prendere il nome di quattro foreste?» Monica si tolse gli occhiali che aveva ancora sul naso, fece segno alla sua ospite di accomodarsi sulla sedia di fronte alla sua scrivania e si mise comoda anche lei. Questa era una storia che valeva la pena di essere ascoltata bene.

«No, ecco, noi non ci conoscevamo fino a poco tempo fa. Non sapevamo che esistessero altre come noi. È per questo che oggi sono qui. Io credo che siano state le foreste a farci incontrare.»

«Ah, molto interessante. In che senso dici *altre come noi*?»

«Be', noi ci chiamiamo tutte e quattro Gaia, può succedere, ma non è un nome così comune in Svizzera, io non avevo mai incontrato altre Gaia prima, e poi Derb è anche nata in Romania e Edme parla tedesco. Va be', scusi, mi perdo nei miei discorsi. Comunque, stavo dicendo, io credo che siano state le foreste a farci incontrare. Lei pensa che sia possibile?» Ris stava parlando a macchinetta senza arrivare veramente al punto. In parte per l'emozione di essere lì, ma in parte stava anche cercando di capire se poteva confidare il loro segreto alla sua interlocutrice. In fondo si trattava pur sempre di una scienziata e aveva visto abbastanza film con i suoi fratelli per sapere che di molti scienziati era meglio non fidarsi, soprattutto se si era ragazzine con strani poteri. Bastava ricordarsi di *E.T.*

«Mi stai chiedendo se io credo che sia possibile che le foreste vi abbiano fatto incontrare? Guarda, in tanti anni che le studio, quando ho pensato che fossero capaci di fare cose impensabili non mi è mai capitato di essere smentita. Casomai di essere considerata un po' matta dai miei colleghi. Ma le foreste non mi hanno mai delusa. Sorpresa, spessissimo, affascinata, ogni giorno di più, delusa mai.

«Quindi per rispondere alla tua domanda: non mi azzarderei mai a dubitare di quello che dici. Cercherei solo di capire come sia potuto succedere. E purtroppo, forse non mi basterebbe la mia vita da ricercatrice per riuscirci. Ma magari tu puoi aiutarmi e dirmi qualcosa di più se ti va.» Ogni ulteriore minuto che Monica passava nella stessa stanza con quella ragazzina, le si formava sempre più netta la sensazione che non si trattasse di un incontro casuale. E ora si stava trasformando nella fiammella della speranza, quella che ogni giorno la spingeva ad andare avanti nella sua ricerca più ardita, folle secondo molti. La ricerca di cui non credeva avrebbe fatto in tempo a vedere confermati i risultati. Ma che sentiva fosse suo dovere portare avanti, lasciare in eredità a chi sarebbe venuto dopo di lei. Quella che svolgeva quasi di nascosto nel suo tempo libero, perché il dipartimento non l'avrebbe mai considerata redditizia. E ora, forse, davanti a lei, in carne, ossa, testa riccia e lingua veloce, c'era un elemento fondamentale. Era troppo bello per essere vero. La sua risposta però aveva rassicurato Ris, che proseguì: «Be', ecco, io, noi, tutte e quattro, abbiamo un dono. Cioè, non so se è giusto chiamarlo così. E non so neanche se oggi è ancora vero, perché ci abbiamo provato e non ci siamo riuscite. Ma noi quattro, ecco, fin da piccole, noi sentivamo gli alberi».

Monica avvertì una scarica di energia per tutto il corpo e non riuscì a trattenere un sorriso, avrebbe voluto gridare *eureka!* ma molti anni di training scientifico e di meditazione la invitarono a fare un profondo respiro.

«Puoi spiegarmi meglio cosa intendi?» Avrebbe voluto prendere appunti, registrare quella conversazione, ma aveva paura di intimidire la sua ospite, e poi ci sarebbero volute mille liberatorie, era minorenne, serviva il consenso dei genitori, per ora doveva accontentarsi di cogliere l'attimo. Forse quello che stava per dirle era un regalo destinato solo a lei.

«Be', non so spiegarlo bene a parole, non l'ho mai fatto veramente con un estraneo. Tra di noi ci siamo capite senza dircelo, eravamo all'Arboretum...»

«Quindi vi siete incontrate in una foresta? E vi ha parlato?» Accidenti, doveva frenare la sua impazienza, non mettere le parole in bocca alla bambina. Monica si morse le labbra.

«Sì e no, ci siamo incontrate in biblioteca, all'Arboretum. Non ci eravamo mai viste prima, ma ci siamo riconosciute. E poi siamo andate nel bosco, e speravamo di sentire insieme gli alberi. Ma l'Arboretum è muto, è come uno zoo, non è una vera foresta...»

Monica si raddrizzò sulla sedia. Quella ragazzina con una sola frase aveva riassunto decenni di studi e di dispute sulla conservazione delle foreste vergini e sulla riforestazione. Lei fra poco sarebbe dovuta andare, cinquanta studenti la aspettavano a lezione. Ma doveva sapere di più su questa ragazza e le sue amiche. Ris intanto aveva trovato tutto il coraggio che le serviva e stava proseguendo il suo discorso a balzelloni: «E dopo l'Arboretum ci siamo risentite sempre e volevamo assolutamente rivederci, poi è successa la cosa della diga, che le ho scritto. E io sono sicura che noi non ci siamo incontrate per caso. Io credo che noi abbiamo una missione. Ma non riesco a capire quale, per questo oggi sono qui. Io speravo che lei potesse aiutarci. Darci informazioni tipo: le sempreverdi vanno in letargo? Ma soprattutto, lei ci crede? Che noi abbiamo una missione?»

«Assolutamente sì. Per questo dobbiamo rivederci e vorrei tanto conoscere le tue amiche.»

In quel momento qualcuno bussò alla porta socchiusa e la testa di Luca fece capolino. Appena vide la sorella seduta in quella strana stanza, aprì deciso la porta: «Ah, sei qui! Mi stavo preoccupando. Ti aspettavo mezz'ora fa alla caffetteria! Ops, mi scusi, professoressa, buongiorno, mi chiamo Luca Durand, sono...».

«Il fratello di Gaia, direi. Vi somigliate moltissimo. Sono contenta di conoscerla. Sua sorella è una ragazza molto dotata e intelligente, vorrei avere l'opportunità di conversare ancora con lei, prendere un appuntamento. Ma sarei stata in difficoltà senza il permesso di un adulto. Lei arriva proprio al momento giusto. Quando potrebbe accompagnarla al mio laboratorio? O se Ris preferisce, potremmo vederci un sabato nel bosco?»

Un tempo era una festa

Ogni creatura nata in Gaia
veniva accolta a braccia aperte.

Primavera era la stagione di tutte le nascite.

Per un giorno e una notte
la Legge della Natura veniva sospesa,

nessuno poteva uccidere,
si celebravano i nuovi arrivati.

Al centro della radura
i cuccioli imparavano
a riconoscere nell'odore dell'altro
il loro posto secondo la Legge,

predatori e prede,
chi scappa e chi rincorre,

ma tutti parte di noi,
Gaia,
sotto le fronde dei grandi alberi.

32

Fing si risvegliò ancora una volta dopo una notte di sogni.

Nelle ultime settimane si stavano facendo sempre più intensi.

Lei dormiva nella camera di sua mamma da piccola. Quando era nata per qualche anno ci avevano dormito insieme. Poi quando lei aveva compiuto dieci anni, e sua mamma aveva cominciato a fare i turni di sera al bar, aveva detto che era ora che lei avesse la sua cameretta e che non voleva svegliarla quando rientrava tardi. Così avevano comperato un divano letto e lo avevano messo in sala. Il nonno aveva provato a dire che poteva dormire lui sul divano, che tanto era sempre in piedi all'alba. Ma la mamma non aveva sentito ragioni, le aveva detto di scegliere un colore con cui avrebbero ridipinto i suoi vecchi mobili da bambina, in modo che la camera adesso fosse proprio sua. Fing naturalmente aveva scelto un verde e insieme avevano passato due fine settimana a carteggiare e ridipingere il letto, la scrivania e il comodino. Il nonno le aveva regalato dei vecchi poster delle guardie forestali, il suo lavoro per molti anni. E a lei era sembrata la camera più bella del mondo.

Il piccolo appartamento era al piano terra di una vecchia casa di quattro piani. Era degli anni Venti con il tetto a punta e le imposte rosa. Non era grande, a ogni piano c'erano solo due alloggi, il loro era più piccolo per fare spazio all'androne del palazzo, ma avevano uno scampolo di giardino e il nonno aveva sempre coltivato un pezzetto d'orto.

Quella mattina l'illusione del sogno si prolungò a occhi aperti e fuori dalla finestra, al posto della vecchia betulla, le sembrò di vedere una giungla tropicale. Rimase ancora un po' a letto a godersi quelle immagini.

Il signore coi capelli verdi era tornato a farle visita e questa volta l'aveva chiamata per nome.

Moriva dalla voglia di parlarne con sua madre, ma aveva paura della sua reazione.

C'erano tante cose di cui la mamma non voleva parlare.

Per tanto tempo, Gaia l'aveva vista triste, ma solo quando pensava che lei non la vedesse. Ogni volta però che le aveva chiesto di suo padre la tristezza era ricomparsa, così come quando le aveva chiesto dei suoi viaggi.

Ora sentiva che i suoi sogni erano collegati a tutto ciò, forse quel signore era davvero suo padre, ma l'unica persona che poteva risponderle da qualche settimana era allegra come Fing non l'aveva mai vista, per questo aveva paura di rovinare tutto.

Forse, prima di parlarle di suo padre, avrebbe dovuto dirle che lei era d'accordo se voleva uscire con qualcuno, che era fiera di avere una mamma giovane e bella, e di sicuro poteva ancora innamorarsi e lei e il nonno sarebbero stati bene lo stesso, anche meglio.

33

Dopo il primo incontro con Monica, Ris era rimasta piena di domande. Avrebbe voluto organizzare subito una gita, farle conoscere le altre. Era certa che insieme avrebbero capito a cosa serviva il loro dono, come controllarlo, perché le foreste le avevano fatte incontrare, quale era la loro missione.

Purtroppo però gli impegni di tutte avevano impedito che si ritrovassero, e ora lei era in viaggio con la sua classe verso Lucerna, dove avrebbe incontrato la classe di Edme.

Almeno avrebbero passato una settimana insieme, poteva aiutarla con la faccenda della diga.

Anche se era sempre meno convinta che quella fosse la loro missione. In fondo si trattava di salvare una sola foresta, molto importante, ma cosa ne sarebbe stato di tutte le altre? Perché farle incontrare per una cosa del genere? C'erano già i grandi che si affannavano pro e contro la diga.

Era certa che il loro ruolo fosse più speciale, magico come il loro dono, o i sogni di Fing.

Forse dovevano farsi trovare pronte, allenarsi, come i supereroi, o gli agenti segreti. Ecco, forse loro erano agenti segreti al servizio delle foreste e avrebbero ricevuto la missione solo al momento debito. Che pazienza però!

Finalmente erano arrivati, in stazione corse incontro a Edme e si abbracciarono mentre il resto del gruppo si scambiava dei saluti ben più formali.

Durante la visita di Lucerna, le due amiche erano così intente ad aggiornarsi sugli ultimi avvenimenti che la sera Ris non seppe dire a sua madre nulla sulla città. In compenso Edme era entusiasta all'idea di incontrare Monica. Le informazioni che le aveva mandato sulle microdighe erano risultate molto interessanti per le ragazze dell'associazione ambientalista che ora la consideravano una di loro e ogni venerdì dopo la scuola si fermava a parlare e imparava un sacco di cose.

Suo padre, non si sa come, era venuto a saperlo e c'era stata un'altra brutta discussione. Prima ancora che lei gli parlasse delle microdighe o di come aveva avuto le informazioni, lui le aveva ordinato di non farsi più vedere con quelli di Zurigo, se non voleva che finissero tutti nei guai.

Edme non aveva capito cosa intendesse, ma di certo non avrebbe rinunciato alle sue nuove amiche. Era la prima volta che disubbidiva apertamente a suo padre, la cosa non la faceva stare bene e sperava che la visita di Ris segnasse una tregua.

Ris sarebbe stata felice di aiutare la sua amica a parlare con suo padre, raccontare di Monica, in fondo era una professoressa dell'università, anche il padre più dubbioso doveva prenderla sul serio. Ma tutta la settimana avevano avuto una serie di impegni organizzati dalla scuola, incontri sportivi, serate con gli altri studenti in scambio, persino il sindaco aveva voluto incontrarli. E quando erano a casa, il papà di Edme era sempre al lavoro, sembrava le evitasse di proposito. Quel pomeriggio però era in casa, chiuso nel suo studio e mentre era il turno di Edme per la doccia, Ris tirò fuori il suo coraggio e bussò alla sua porta: «Permesso?».

«Sì? Ah, Ris, buongiorno, sei tu, c'è qualche problema?»

«No, no, cioè, veramente sì. Mi scusi se mi permetto, Edme non sa che io sono qui, sta facendo la doccia. Però vede, ecco, io so che voi avete litigato...» Paul Meyer si irrigidì sulla sedia, la piega che stava prendendo il discorso non gli piaceva per niente, «mi scusi ancora se mi intrometto, ma io e Edme siamo molto amiche e... io il papà non ce l'ho più.» A quel punto Paul sentì una fitta alla bocca dello stomaco, quella ragazzina senza poterlo sapere aveva toccato una corda sensibile, non ne parlava mai, ma lui aveva perso il padre troppo presto. «E mi dispiace un sacco sapere che avete discusso per delle informazioni che le ho dato io, se si deve arrabbiare si arrabbi con me. Però sappia che quella cosa delle microdighe me l'ha detta una professoressa dell'UniL, magari potrebbe dargli un'occhiata?»

«Mmm, ci penserò, grazie, posso fare altro per te?»

«No, no, grazie, e per favore non lo dica a Edme che le ho parlato. Lo so che non sono fatti miei, ma mi dispiaceva troppo non fare qualcosa ora che sono qui.»

«Capisco e... apprezzo le tue intenzioni, grazie.»

«Arrivederci.»

Ris tornò in camera proprio mentre Edme usciva dal bagno. Non accennò alla conversazione appena conclusa, ma Paul quella sera cenò con loro e fece molte domande sulla loro settimana. Non si parlò della diga, ma era già un passo avanti.

Era l'ultima sera prima della partenza di Ris e avevano promesso a Derb e Fing una videochiamata. Sul tablet di Edme apparvero i due riquadri coi volti delle amiche: «Ehilà, come state? Sembra un secolo che non ci si sente, Fing come stai? Come vanno i sogni?».

«Benino, grazie, sempre uguali, non ci capisco ancora molto.»

«E tu, Derb?»

«Io ho una novità, non so dirvi se buona o cattiva. Ma stasera a cena mio padre, tutto contento, ha detto che dopodomani avrà un colloquio con il capo del papà di Edme. Pare che gli abbia chiesto una persona di fiducia e che tuo padre abbia fatto il nome del mio. Ha preso apposta un giorno di ferie e viene fino da voi. Ho provato a chiedergli se mi portava, ma non c'è stato verso.»

«Cavoli, non so se è proprio una buona notizia» intervenne Ris «cioè magari sarà un bel lavoro per lui, ma se gli unici padri che abbiamo, scusa, Fing, si mettono entrambi a lavorare per la diga...»

«Esattamente quello che ho pensato io, però una cosa buona c'è. Mio papà era talmente contento che ha detto che dobbiamo assolutamente ricambiare il vostro invito di Capodanno e ha telefonato subito a un rifugio che conosciamo e ha prenotato per tre notti a Pasqua. Non ci sono gli husky, è uno chalet, non ha tante camere, alcune sono dormitori, ma almeno, se convincete i vostri genitori, saremo tutte insieme, il posto è bellissimo in riva al lago di Derborence e alla mia foresta.»

«Questa sì che è una bella notizia! Ora vado subito a fare la pace con mio padre, non parlerò più della diga fino a Pasqua se accetta di venire.»

«Davvero bellissima! Mia madre sono sicura che sarà contenta, so che ha sentito almeno una volta Diane. E poi se siamo in Vallese non è lontano, anche se i miei fratelli non vengono, peggio per loro, la mamma potrebbe anche lasciargli casa libera.»

«Sì, mia mamma mi ha detto che si sono sentite. Hai detto in Vallese? Ma allora posso venire anche io, anche se lei lavorasse, mi può accompagnare il nonno.»

«Perfetto, voglio troppo conoscerlo tuo nonno, deve essere un bel tipo.»

«Direi che abbiamo un nuovo progetto: vacanze di Pasqua, primavera, noi quattro nel bosco di Derb... sono sicura che succederanno cose bellissime. E magari... scopriremo la nostra missione!»

Oggi

Genitori nascondono i neonati nel bosco,
per salvarne le vite
insegnano il terrore degli umani,
balzare, volare, scavare,
fuggire a ogni costo,
quando loro si avvicinano
nessun piccolo è al sicuro.

Intanto i cuccioli d'uomo
si credono sicuri
stando ben lontani dalla foresta.

Alla catena alimentare mancano
troppi anelli.

Ciascuna specie ripete a memoria
la Legge della Natura

ma pochi ne capiscono il linguaggio.
Non sanno più comprendersi.

La foresta lancia messaggi
che non raggiungono i brandelli dispersi.

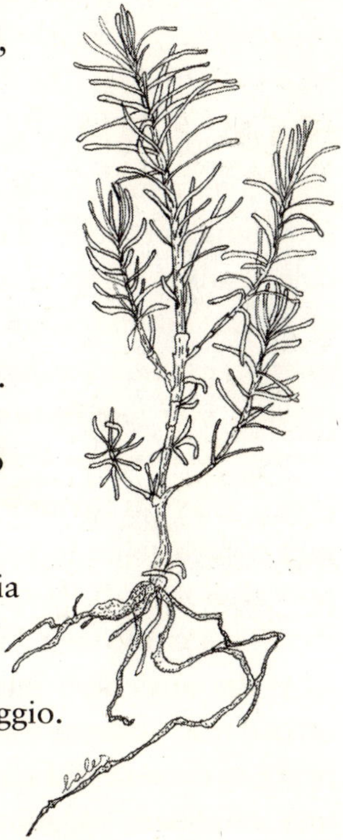

34

Questa volta non ci fu bisogno di guidare a lungo. La cosa aveva rasserenato Marie-Hélène che preferiva di gran lunga prendere il treno. Lei e Ris erano partite mercoledì subito dopo la scuola e dopo aver fatto un milione di raccomandazioni a Luca e Ben – *chiudete la porta quando uscite, ricordatevi del gatto, non guidate se avete bevuto, non fate rumore fino a tardi, vi aspettiamo domenica per pranzo* – avevano preso l'Ir 90 fino a Sierre. Diane le aveva invitate a passare una serata da loro. Lei non poteva salire in montagna, lavorava tutte le mattine fino al giorno di Pasqua, ma le faceva piacere coltivare l'amicizia con Marie-Hélène. Avevano deciso quindi che lei e Ris sarebbero passate a prendere Fing, avrebbero cenato tutte insieme e si sarebbero accampate per dormire tra la camera di Fing e il divano letto. Il giovedì mattina avrebbero raggiunto in bus il villaggio di Conthey dove avevano appuntamento con tutti gli altri. Le ragazze erano ovviamente entusiaste di questa soluzione, ma quando Marie-Hélène, zaino in spalla e scarponi ai piedi, abbracciò la sua nuova amica sul marciapiede della stazione, sembravano due ragazzine entusiaste anche loro.

La timida Fing era emozionata di far finalmente vedere la sua camera a qualcuno che l'avrebbe apprezzata.

«Ma è stupenda! Fing, davvero, non lo dico perché assomiglia troppo alla mia, il che in effetti è vero, ma perché hai una camera bellissima.»

«Davvero ti piace? Mia madre ha messo le lenzuola nuove, così tu e la tua potete dormire qui.»

«Non se ne parla nemmeno! Io e te dormiamo qui insieme e loro possono benissimo stare insieme sul divano.»

«Sei sicura?»

«Secondo me non se ne accorgono nemmeno, da come chiacchierano, non saranno loro a chiamarci.»

In effetti Diane e Marie-Hélène erano assorte in una fitta conversazione.

«Diane, ma davvero non hai mai detto nulla a Gaia su suo padre?»

«No, non ne ho mai avuto il coraggio.»

«Ma perché? Scusa, ma non capisco.»

«Ho avuto paura, non so neanche bene dirti di cosa, lui è lontano decine di migliaia di chilometri, in quattordici anni non ha mai dato, né cercato, notizie. Ma io ero così giovane, innamorata, ero completamente soggiogata da lui, avrei fatto qualsiasi cosa.»

«Ma non l'hai fatta. Quando hai dovuto scegliere, hai pensato prima di tutto alla tua bambina, non hai niente da rimproverarti.»

«Non è che mi senta in colpa. Ma ho paura che Fing possa chiedermi di lui, voler sapere, mettersi in contatto, e che anche lei non sia capace di difendersi.»

«Ma è così cattivo?»

«No, no, assolutamente no. Lui è la persona più buona del mondo. Farebbe di tutto per salvare un albero.

È questo il problema, per una foresta metterebbe a rischio tutto, anche la sua famiglia.»

«Capisco, ma mi viene da dire che sua figlia ha già preso molto da lui. E forse, scusa se mi permetto, ha bisogno di saperlo. Sai, io penso a Ris, che a casa è così chiacchierona e fa mille domande su tutto. Lei si ricorda poco di Olivier, ma in casa ne parliamo continuamente, lei chiede. E poi ci sono i suoi fratelli, per fortuna, loro se lo ricordano, gliene raccontano. Abbiamo le foto. Insomma, anche se lui non c'è più, lei sa di avere i suoi ricci, come Luca, mentre Ben ha preso da me i colori più chiari. Sembrano piccole cose, ma soprattutto alla loro età contano molto, stanno formandosi un'identità, si fanno domande...»

«Forse hai ragione, ho scelto la soluzione di comodo, ho evitato le domande finché ha smesso di farle. Ma è diventata così introversa. Pensavo che non importasse, che le bastassimo io e il nonno. Forse è ora che le racconti, devo solo trovare il momento giusto.»

«Forse puoi cominciare col dirle che ha i capelli di suo padre.»

35

Il lago di Derborence era stato creato nel 1700 da due frane che a distanza di pochi anni si erano staccate dai monti Rochers. Gli abitanti erano certi che fosse stata opera del diavolo, per questo da allora quei monti erano chiamati Les Diablerets. La fama di essere maledetto fece sì che il lago non fosse frequentato per diversi secoli e che la foresta potesse crescere liberamente su quelle fertili terre.

Il rifugio preferito dagli Albu aveva una posizione panoramica sulle rive del lago. Lo avevano scoperto nei loro primi anni d'emigrazione, quando potevano permettersi solo di mangiare il picnic portato da casa. Da quando Derb aveva scelto la sua foresta, a ogni compleanno aveva chiesto di poterci tornare e tutti ricordavano il giorno in cui avevano festeggiato i dieci anni dei gemelli seduti al tavolo del ristorante ammirando il panorama dalla terrazza.

Derb, Constantin e i loro genitori erano arrivati di prima mattina. Relu ci teneva talmente a fare bella figura con Paul e la sua famiglia che aveva voluto verificare di persona la disposizione delle camere e dei posti a tavola, il menu e la scelta dei vini. In Romania erano abituati a frequentare degli ottimi ristoranti, ma in Svizzera era talmente caro che avevano dovuto rinunciare. Comunque, sapeva ancora riconoscere un buon vino e con un po' di fortuna quella sera avrebbero potuto brindare al suo nuovo lavoro. Se solo fosse arrivata la notizia della vittoria al referendum.

Ecco la macchina dei Meyer, Derb corse incontro a Edme che si sbracciava dal finestrino.

«Ehi, siete arrivati presto anche voi! Bravi.»

«Ris e Fing non ci sono ancora?»

«No, dovrebbero arrivare con il bus delle 11. Anzi, che ne dite se andiamo in piazza a prenderle? Possiamo, mamma?»

«Certo, cosa ne dici, Anne, sono solo dieci minuti a piedi, possiamo lasciarle andare?»

«Va bene, Edme, però, se è così vicino, portate anche Léo con voi, almeno si distrae un attimo. È disperato perché abbiamo lasciato Quercia a casa. Ma un viaggio così lungo per lei è molto fastidioso, in fondo stiamo via solo tre notti, sta meglio con il nostro vicino» spiegò Anne a Eva.

Le ragazze si avviarono, tenendo ciascuna una mano del piccolo Léo, molto fiero di andarsene come un grande senza la mamma.

Arrivarono sulla piazza del piccolo villaggio proprio mentre l'autobus ripartiva lasciando le sue tre passeggere davanti all'ufficio postale. I saluti furono calorosi come sempre, le quattro amiche si abbracciarono come se non si vedessero da una vita, poi cominciarono a chiacchierare come se fossero passati solo cinque minuti.

Marie-Hélène fece un sacco di complimenti al bambino per quanto era cresciuto da Capodanno e gli diede la mano imboccando il sentiero verso l'hotel, mentre le quattro Gaia li seguivano cinguettando.

«Ragazze sono troppo contenta di rivedervi e ho una bellissima sensazione, questa vacanza sarà decisiva» iniziò Ris «sono sicura che...»

«Capiremo qual è la nostra missione!» le fece eco Derb «tu ne sei così convinta, ma io non ho ancora capito cosa hai in mente.»

«Di preciso non lo so neanche io, ma da quando ci siamo incontrate all'Arboretum, io ho sentito la certezza che non è stato un caso, che dobbiamo unirci per fare qualcosa. Per un po' ho pensato che fosse salvare la foresta di Edme dalla diga.

Ma quando sono stata da lei, ho capito che non basta, deve essere qualcosa di più.

«Che riguardi tutte noi insieme.

«Speravo lo scoprissimo dal pino, ma era in letargo.

«Ora però siamo tutte qui, è primavera.

«Possiamo andare nel bosco di Derb, e magari domenica tornando possiamo fare anche una gita nella foresta di Fing, che, diciamolo, tra tutte noi è la più magica, fa tutti quei sogni. Con una giornata così bella sarebbe perfetto: noi, le fantastiche quattro, riceviamo le istruzioni per una magica missione salvaforeste.

«Perché è ovvio che sarà qualcosa di mitico, che farà capire a tutti quanto le foreste siano grandiose. E magari tutti cominceranno a capire gli alberi e ne pianteranno degli altri. Così ci saranno ancora nuove foreste e tutti i bambini sapranno parlare con gli alberi.»

«Wow, tu sì che voli alto, sei sicura che non sia un po' troppo? Cioè, noi siamo quattro ragazzine, speciali quanto vuoi, ma non siamo proprio gli Avengers» dubitò Edme.

«Be', intanto gli Avengers sono anche dei ragazzini, guarda Spider-Man, e poi è pieno di eroi bambini, un po' meno bambine, quindi ci sta che sia giunto il momento di bilanciare le cose. E poi ricordati di Greta, io non mi vedo a marciare per le strade in mezzo a una folla, ma capisco cosa deve aver sentito lei, il bisogno di fare qualcosa. E il nostro dono dovrebbe aiutarci a capire cosa.»

«Se la metti così, in effetti...» commentò Derb «possiamo dire che noi abbiamo qualche potere speciale. Sembra come quando senti una voce che parla e ascolti la musica delle parole, ma non il senso. Poi quando ti accorgi che ha detto qualcosa di interessante è già passato.»

«A me succede sempre. In classe soprattutto» disse Fing.

36

Arrivando al rifugio trovarono i genitori di Edme e Derb, insieme a Constantin, con le facce serie stretti davanti a un televisore che proiettava immagini di fiumi ingrossati dalle piogge.

«Mamma, papà, cosa succede? Perché quelle facce?»

«Stamattina in macchina, mentre voi dormivate, ho sentito il giornale radio e ora volevo vedere il tg. Il maltempo al Nord sta causando gravi danni. È cominciato qualche giorno fa in Inghilterra, alcuni fiumi sono esondati provocando danni e feriti. Ora si sta spostando verso sud, la Germania è già in allerta per il livello dei fiumi e dei laghi. Da quelle parti sta piovendo incessantemente.»

«Sembra impossibile vedendo il sole qui da noi» commentò Marie-Hélène mentre si toglieva lo zaino.

«Già, è vero, ma la Germania è vicina, il livello del lago di Lucerna è già salito più del previsto e i meteorologi sono molto allarmati» rispose Paul.

«Dicono che siamo all'inizio della stagione, non c'è stato ancora il pieno disgelo, ma se le temperature continuano a salire, avremo un'estate sotto l'acqua, con un grande rischio di alluvioni» aggiunse Anne.

«Voi non eravate nate, ma io mi ricordo le alluvioni del 2005, Berna era allagata. E migliaia di persone erano rimaste bloccate nel villaggio di Lauterbrunnen, il fiume era esondato sommergendo completamente l'unica strada di accesso e i binari della ferrovia. C'erano un sacco di turisti, la valle è famosa per le sue cascate e perché ne hanno scritto Goethe e Tolkien e ci hanno girato uno *007* – se ne era parlato in tutto il mondo» ricordò Marie-Hélène.

«In Romania le alluvioni del 2005 hanno provocato disastri dappertutto con decine di morti e migliaia di sfollati. Moltissime famiglie e aziende non si sono più riprese. Anche la nostra» sospirò Eva.

Le ragazze ascoltavano concentrate i discorsi dei genitori, per la prima volta sembrava che i grandi si rendessero conto. Forse c'era una possibilità, avrebbero potuto parlare loro delle microdighe. E magari anche delle loro foreste... Ma l'attimo passò archiviato dall'intervento di Relu: «Via, via, non siamo venuti fin qui per pensare a cose tristi. La Svizzera è un paese sicuro. Se ci fosse un problema ce lo direbbero. Invece di là c'è una tavola imbandita che ci aspetta, non è il caso di far raffreddare il risotto di madame Waser e ho fatto aprire una bottiglia di Cornalin che fa passare tutti i cattivi pensieri. Per i più giovani, invece, vi consiglio di tenere posto per il moelleux au chocolat!».

La chiamata agli stomaci non poteva essere ignorata, così anche le ragazze si spostarono a tavola nonostante la delusione per l'occasione mancata.

Dopo pranzo, mentre i genitori si gustavano caffè e liquori, le quattro amiche si accomodarono su due dondoli che dalla terrazza dell'albergo guardavano tutta la valle, il lago, la foresta.

«Wow, che meraviglia, è quello, Derb, il tuo bosco?»

«Sì, è bello, vero?»

«Ma è vera quella storia delle frane e del diavolo?» chiese Edme, a cui i genitori avevano fatto leggere la guida turistica prima del viaggio.

«Il diavolo non lo so, anche perché se il risultato è stato che gli umani non sono venuti fin qui a distruggere tutto, direi che è stata una mossa geniale, più che diabolica.»

«Hai ragione, sembra un bosco incantato più che maledetto» convenne Ris «tu, Fing, cosa ne pensi? Lo conoscevi?»

«Non ero mai stata da questa parte della montagna. La scuola ci aveva portati a sciare a Leysin, ma è sull'altro versante. Però il nonno mi ha raccontato la storia e mi ha detto che ci sono tra gli alberi più grandi e vecchi di Svizzera, dice che hanno anche 450 anni.»

«Mi è venuta voglia di andare subito a cercarli» esclamò Ris «che dite, ce la facciamo una passeggiatina nel bosco mentre i genitori smaltiscono il pranzo?»

«Dici senza chiederlo?» domandò Edme allarmata, aveva appena finito le sue lunghe punizioni e non intendeva ricaderci.

«Be', se vogliamo andare da sole, mi sa che non dobbiamo dirlo. Possiamo lasciare un biglietto per sicurezza e andare e tornare prima che se ne accorgano. È quello che vogliamo, no? Essere nel bosco solo noi quattro. Finalmente abbiamo l'occasione» le esortò Ris con il suo consueto entusiasmo «eddai!»

In un attimo Fing era in piedi accanto a lei con gli

occhi verdi che brillavano d'energia. Edme e Derb, più titubanti, si guardarono tra loro, poi alzarono le spalle. «Ok, però lasciatemi salire un secondo in camera dei miei, c'è Léo che fa il riposino, se lascio il biglietto vicino a lui mia mamma lo vede di sicuro e non si spaventa.»

«Ok, saliamo in camera anche noi, prendiamo il K-way, che tutte quelle notizie di pioggia mi hanno fatto impressione, ci troviamo tra dieci minuti dietro il rifugio. Se ci fermano stiamo andando a fare una passeggiata alla spiaggia.»

«Ok, ma nel biglietto dico la verità.»

Cara Gaia

Cara Gaia,

sì, lo so, adesso ti chiami Fing,
ma per me tu sarai sempre anche Gaia,
il mio pianeta.
Come il giorno in cui sei nata dentro di me e la mia vita è cambiata
in un momento e per sempre.
Tutto si è fatto rotondo e ha trovato un senso.
E ora che ti vedo diventare la ragazza meravigliosa che sei, sento di aver avuto ragione.
A metterti prima di tutto, a scappare da tuo padre.
Scusa se non te ne ho mai parlato prima.
Ho sbagliato.
Pensavo di proteggerti,
ma forse stavo proteggendo solo me.
È giusto che tu sappia di lui,
immagino che avrai mille domande,
ma io non so da dove cominciare.
Allora comincio col dirti, come forse avrai immaginato:
tuo padre ha i capelli verdi.

E l'ultima volta che l'ho visto
viveva sulla cima di un grande albero.
Per il resto sarò felice di rispondere a tutte le tue domande
appena tornerai dalla tua gita nella foresta
con le tue nuove, meravigliose amiche.
Grazie per avermele fatte incontrare.
Sembra che tu sia riuscita a trovare
un'amica anche per me.
Mi ha fatto bene ieri sera
avere ospiti Marie-Hélène e Ris,
mi ha ricordato che non devo per forza star sola.
Sono fortunata a essere tua madre, ti voglio bene.

Diane

37

La loro prima trasgressione si concretizzava in una fuga nel bosco. Non così comune tra i loro coetanei, assolutamente perfetta per loro.

Il sole era ancora alto, avevano almeno cinque ore di piena luce. Non sarebbe tramontato prima delle sette e mezzo. Il loro piano era di arrivare al limitare del bosco, calcolare quanto tempo ci avevano messo, quanto ne sarebbe servito per tornare indietro e usare tutto quello che rimaneva per addentrarsi il più possibile nella foresta alla ricerca degli alberi più antichi e della loro missione.

Percorsero la prima parte di discesa ridendo per l'eccitazione, quasi di corsa, per allontanarsi prima che i genitori potessero fermarle. Si lasciarono alle spalle lo chalet dell'albergo, e si diressero rapidamente lungo la riva del lago. Poi si ritrovarono senza fiato.

«Ragazze, direi che dobbiamo cambiare ritmo» propose saggiamente Edme.

«Pienamente d'accordo» la spalleggiò Derb «altrimenti non duriamo un chilometro. Ricordatevi che siamo a millequattrocento metri.»

«Guardate però, il bosco è vicino, è tutta in piano per arrivarci.»

Alzarono gli sguardi e restarono incantate: la foresta vergine si ergeva davanti a loro in tutta la sua maestosità. Inspirarono a fondo e ripresero il cammino di gran lena. Più si avvicinavano al bosco, più cambiava il loro stato d'animo. Poco alla volta il silenzio le avvolse. Anche Ris, la più loquace, non aveva bisogno delle parole per comunicare.

Sentiva il proprio respiro insieme a quello delle altre. Il rumore dei loro passi. Il battito del proprio cuore.

E pian piano quella sensazione che aveva provato la prima volta, all'Arboretum, quando si erano incontrate, la avvolse e si fece sempre più intensa.

Cercò lo sguardo delle altre come conferma. Incrociò gli occhi di Fing che si aprì in un sorriso che la illuminò. Anche i suoi capelli sembravano rilucere come se fossero animati.

Edme e Derb se ne accorsero e tesero le mani.

Entrarono nel bosco tenendosi strette.

Aiutaci

Ormai Gaia è un insieme di frammenti
che tentano di sopravvivere,
nonostante gli umani.

«*Cosa posso fare?*»
chiese la bambina.
«*Aiutaci a ricucire la rete*»
rispose la foresta.

38

Dall'alto della sua valle isolata, la foresta di Derborence per parecchi secoli non aveva avuto contatti con gli umani. Era giovane, non aveva conosciuto le origini di Gaia.

Quando gli umani erano arboricoli e abitavano sui rami, lei non era ancora nata.

Neanche quando erano scesi e avevano cominciato a tagliar tronchi.

Non aveva vissuto lo strappo coi bipedi. Non ne aveva nostalgia.

Un giorno le si erano presentati sulle radici questi esserini rumorosi e agitati e lei li aveva tollerati con supponenza.

Secondo i tempi degli alberi, era ancora una foresta giovane e impetuosa.

Aveva solo qualche centinaio di anni, un lungo futuro davanti.

La montagna le aveva regalato questa conca protetta. Aveva riempito un lago apposta per lei. E per tre secoli il suo massimo sforzo era stato crescere, consolidare il terreno franoso, farsi grande e forte per non spezzarsi sotto le grandi nevicate. Tessere la propria rete sotterranea che le garantisse saggezza e prosperità per i millenni a venire. E così aveva fatto.

Poi ultimamente gli esserini avevano cominciato ad agitarsi di più, avevano ucciso qualche fila di alberi, li avevano portati via, senza neanche lasciare che restituissero le loro cellule al suolo. Avevano versato per terra un impasto scuro e puzzolente che prima bruciava le radici, poi si seccava e non lasciava più passare l'acqua. Fatto ciò si erano costruiti un riparo sulla sponda nord del lago e si muovevano avanti e indietro su quella striscia nera dentro gusci abbaglianti. Non sembravano saggi, producevano rumore, si muovevano di corsa, facevano di tutto per attirare predatori.

Ma stranamente la foresta non conosceva predatori di uomini.

Per i primi secoli aveva creduto che si autoregolassero da soli. In fondo lei non ne aveva mai visti troppi. Non erano come le formiche o i topi che avevano bisogno del picchio e della volpe per limitare il sovraffollamento delle loro tane.

Poi però avevano cominciato a circolare delle storie, portata dal vento era arrivata la notizia che di là dalle montagne in effetti gli umani fossero proprio come le formiche, ma senza i picchi che li regolassero.

Nei decenni i messaggi si erano susseguiti, facendosi sempre più allarmanti.

Finché anche Derborence aveva cominciato a sentire qualcosa che cambiava nell'aria. Certi odori di morte e di bruciato, polveri volanti che si erano spinte fin lassù. I racconti degli uccelli migratori che per secoli avevano percorso le stesse rotte andando lontanissimo e d'un tratto avevano smesso di tornare. I pochi che lo avevano fatto avevano riferito di foreste scomparse, acque avvelenate, cieli oscurati. Avevano cambiato percorsi, accorciato i viaggi. Ma i racconti sull'invasione degli umani erano continuati.

Intanto diminuivano le risposte delle altre foreste.

Derborence era abituata a bastare a se stessa, protetta dalla montagna e bagnata dal lago, aveva tutto quello che le occorreva. Ma nelle sue cellule era scritto di nutrire la rete, lanciare ogni stagione semi, spore, messaggi profumati che avrebbero raggiunto le sue sorelle.

Le aveva sempre aggiornate sul clima là in cima alla montagna, sul livello del lago e del ghiacciaio, e su tutte le informazioni che le sue radici e le sue foglie riuscivano a raccogliere.

Le altre foreste l'avevano sempre ringraziata. Le risposte non erano sempre rapide, ci potevano mettere anni – ma cos'è un anno nella vita di una comunità che ne ha vissuti quattrocentocinquanta – e Derborence le aveva sempre ricevute con piacere. Non aveva bisogno di nessuno, ma era bello sapere di far parte di una rete.

Negli ultimi cent'anni però arrivavano sempre meno messaggi.

Derborence avrebbe voluto sapere se le sue sorelle erano al corrente del ritiro dei ghiacciai e del fatto che lassù faceva meno freddo. Voleva capire cos'era quell'odore insopportabile che veniva dalla valle, sapere se davvero gli umani erano come formiche o se qualcuno se li mangiava. Da qualche primavera, c'era poi un nuovo parassita che attaccava le piante giovani. Sperava morisse d'inverno e invece no. Non lo conosceva e non sapeva come comportarsi. Aveva mandato più volte una richiesta d'aiuto, ma nessuno le aveva risposto. Possibile che non ci fosse una foresta più antica che poteva dirle come comportarsi?

39

Ris, Fing, Edme e Derb entrarono nell'ombra della foresta tenendosi per mano. Il sottobosco era fitto e dovettero procedere una dietro l'altra, Derb faceva da padrona di casa e apripista.

«Derb, ma tu quando hai deciso di chiamarti come questa foresta quanti anni avevi?» chiese Ris rompendo il silenzio magico che le avvolgeva da qualche minuto, lei tendeva a trasformare le emozioni in parole.

«Cinque, era una delle prime gite che abbiamo fatto appena arrivati qui, era primavera, mi ricordo benissimo che siamo arrivati fino a un abete con il tronco enorme e poi io ci sono tornata tutti gli anni per il mio compleanno. Ora vi ci porto.»

«E adesso la senti?» chiese Edme.

«Io sì, voi? Cioè, è come tante canzoni sussurrate in sottofondo, non è che stia parlando con me. E se parlo con voi resta solo un bisbiglio. Proviamo a stare zitte?»

«Forse anche ferme» propose Fing sospirando «se ci pensate gli alberi non si muovono e se anche la foresta volesse dirci qualcosa sarebbe come cercare di parlare con una pallina da ping-pong che ha dentro una radio.

Credo che dobbiamo abbassare il volume e rallentare se vogliamo sentirla.»

«Arriviamo all'abete, vi va?»

Si inoltrarono nel fitto del bosco senza dire una parola ma tendendo le orecchie e tutti gli altri sensi.

E la foresta le riconobbe.

Questi umani non sono come gli altri... Hanno profumo di albero... Sono piccole, ma sento una grande energia correre tra loro... Non sono disunite come di solito gli umani. Sembrano germogli...

«Eccolo, ragazze, guardate che meraviglia, penso sia il primo albero della foresta. Tutto è cominciato qui.»

«Allora deve essere un'albera, la mamma di tutti gli altri abeti.»

«La abbracciamo?»

«Certo che sì. Distanziamoci un pochino così riusciamo a contenere tutto il tronco.»

Le quattro amiche si disposero intorno al grande fusto, era talmente largo che anche allargando le braccia non riuscivano a toccarsi, impossibile vederne la cima. Una corrente di energia le attraversò come un solletico, l'emozione fu così intensa che per reazione scoppiarono tutte a ridere. Poi ritornarono al silenzio, si scambiarono sguardi di intesa con gli occhi che brillavano, e appoggiarono le orecchie alla corteccia.

Dopo pochi istanti, all'unisono, chiusero gli occhi e restarono immobili.

Pian piano i loro respiri si accordarono.

I loro battiti rallentarono, fino a diventare uno solo.

Per poi ridividersi nelle migliaia di battiti della foresta che le stava accogliendo.

Sentirono la linfa che scorreva sopra e sotto di loro.
La sentirono dentro, ne erano parte.
Sentirono gli aghi e le foglie sussurrare col vento.
La corteccia scrocchiare le proprie giunture.
Impulsi elettrici correre di radice in radice
e attraverso la loro pelle arrivare al cervello.
E solo allora, videro davvero.
Ah, accifoglia, queste umane le sento.
Ricorda quella strana filastrocca
che un tempo portava il vento.
Gli uccelli la ripetevano incessantemente:
Eravamo una e gli umani erano in noi.
Allora è possibile davvero.
Me la ricordo, ma non sapevo se dovevo crederci.
Gli uccelli sono chiacchieroni.
All'inizio era difficile sapere a cosa credere.
Ero appena nata e avevo talmente tante informazioni da raccogliere,
il vento ne era pieno:
Cresci prima le radici
Non puntare subito verso l'alto
Scava finché non incontri le tue sorelle
Fidati dei messaggeri
Affidati ai funghi
Non credere al primo raggio di sole
E ancora mille istruzioni,
Alcune le erano state veramente utili,
una foresta pioniera come lei all'inizio non aveva alberi anziani a cui affidarsi,
menomale che il vento trasportava messaggi. E forse grazie anche agli uccelli che li ripetevano in cantilena.

Altre francamente erano impossibili da seguire:

Trova le tue sorelle

Unisciti alla rete

Non che non ci avesse provato, ma da una parte c'era il lago, dall'altra la montagna.

Era riuscita giusto a congiungersi con alcuni sparuti gruppi di cembri. Il che si era rivelato utile perché dall'alto loro avevano una visione migliore sul ghiacciaio e le cime. Con le loro informazioni avevano migliorato il bollettino meteo di un paio di settimane. Tutto tempo utile per organizzare lo scorrimento della linfa.

Per il resto, però, delle sue sorelle foreste aveva notizie solo dal vento e dagli uccelli. E col passare del tempo ne riceveva sempre meno.

Non aveva ricevuto risposta riguardo a quel fastidioso parassita arrivato da chissà dove.

E di certo non aveva più sentito parlare della vecchia leggenda di Gaia.

«Umani parte della foresta?», basandosi sulla sua esperienza dell'ultimo secolo con quegli esserini, non le era sembrato troppo credibile, chiacchiere da uccelli.

Ora però il vecchio abete stava scambiando dei segnali con quei germogli di umano e loro sembravano ricevere. Questa era una bella novità.

40

«Paul, Paul!»

«Sono qui, Anne, cosa succede? Cos'è quella faccia?»

«Léo è con te?»

«No, mi avevi detto che si era addormentato in camera.»

«Non c'è più.»

«Come non c'è più, non è possibile, hai guardato bene?»

«Secondo te?!»

«Torniamo in camera a cercare, magari sta facendo uno dei suoi scherzi e si è nascosto dietro una tenda.»

I genitori Meyer rivoltarono la camera come un calzino, invano. Il bambino non c'era.

Scesero correndo le scale e mentre Paul si rivolgeva alla reception, Anne rintracciava gli altri adulti nella speranza che Léo fosse sceso a cercarli e loro lo avessero intercettato. Li trovò sulla terrazza seduti sulle sdraio a godersi il sole.

«Anne, è successo qualcosa?» chiese Eva vedendo l'espressione dell'amica.

«Léo è sparito!»

Le altre due madri non dubitarono un secondo dell'affermazione di Anne e balzando in piedi le furono subito accanto. Marie-Hélène, abituata da decenni di scuola, si mise immediatamente in modalità operativa.

«Dov'era l'ultima volta che l'hai visto e quando? Vieni, ti accompagno dentro, dobbiamo parlare con il responsabile del rifugio, magari ha una telecamera da qualche parte, mi sembra di ricordare che sul sito ci fosse una webcam.»

Intanto Constantin si era tolto le cuffie e ci aveva messo qualche secondo a capire l'origine della concitazione.

«Be', se è per questo anche quelle quattro non sono dove avevano detto.»

«Come, scusa?» si girò sua madre con sguardo di fuoco. «Cosa stai dicendo? E soprattutto, lo dici solo ora?»

«Be', non volevo fare lo spione. Avevano detto che andavano al lago, così ho deciso di raggiungerle, per dare un po' noia, spruzzarle d'acqua, per passare il tempo. Quando non le ho trovate, ho pensato fossero andate a farsi un giro e me ne sono tornato qui ad ascoltare la musica. Cool, mamma, se Gaia fosse in stress lo sentirei. Sai che se siamo vicini non riesco a levarmela di dosso, mi entra anche nei pensieri. Invece ora ho solo vibrazioni positive. D'altronde in questo posto sperduto quali pericoli vuoi che ci siano, giusto una valanga porterebbe una botta di vita!»

«Constantin! Forse non ti stai rendendo conto della situazione. Di sicuro non ti rendi conto di quello che dici. Un bambino di cinque anni, che per altro ha dei problemi di udito, non si trova. Non voglio neanche pensare che sia successo qualcosa di brutto. Ma di certo non mi lamenterei dell'assenza di pericoli in questo posto! Quindi per favore adesso tu vai con tuo padre a cercare le ragazze, a cominciare dalla spiaggia, vedete di trovarle alla svelta e di scoprire se hanno visto Léo. In caso negativo vi fate aiutare nelle ricerche. E sperate di vederle subito, sedute a chiacchierare su un sasso, altrimenti farete i conti con me, loro per essersi allontanate, tu per non avermelo detto prima.»

«Quindi io vado?» chiese di riflesso Relu intimorito dalla reazione della moglie. Eva era di poche parole e raramente si arrabbiava. Quelle volte però era meglio non contraddirla. Per questo si morse la lingua appena la domanda gli fu sfuggita di bocca.

«Tu? Te l'ho appena detto, no? Vedi di renderti un po' utile e di occuparti dei tuoi figli una volta tanto!»

E con questo Eva rientrò dalla porta finestra per unirsi alle ricerche delle altre due madri.

Relu e Constantin si diressero poco sotto il rifugio dove una microspiaggetta accoglieva qualche turista eroico che azzardava addirittura una nuotata nel lago gelato.

Delle ragazze nessuna traccia. Chiesero a una famiglia i cui figli stavano giocando a far rimbalzare i sassi sull'acqua a rischio di centrare i bagnanti, ma nessuno le aveva viste e loro erano lì da prima di pranzo, le avrebbero notate, lo spazio era poco.

«Bene, Costi, adesso senza fare lo stupido tu ti concentri e pensi bene a tua sorella. Se dovessi giocare a nascondino con lei, da dove cominceresti a cercarla? Dobbiamo assolutamente trovarle e, con un po' di fortuna, magari Léo è con loro. È il momento di usare i vostri famosi superpoteri da gemelli.»

Constantin non rispose subito. Aveva capito di aver appena fatto la figura dello stupido con sua madre. Non sapeva neanche come gli succedesse, ogni tanto le parole gli uscivano così, a sproposito. Ora però ci teneva a rimediare, sarebbe stato bello se fosse stato lui a ritrovare il bambino. Essere l'eroe per una volta. Prima però doveva trovare sua sorella. Si guardò in giro, il lago, il rifugio alle spalle con il microparco giochi che da piccoli adoravano, il baracchino dei gelati, il parcheggio e dalla parte opposta il sentiero che conduceva da un lato verso le cime, dall'altro verso la foresta... non c'erano dubbi.

«Nella foresta, papà, sono andate di sicuro nella foresta.»

«Ma così, da sole? Avevamo prenotato la guida per domattina.»

«Sì, papà, ma loro hanno questa idea di dover andare solo loro quattro nel bosco, anche quando abbiamo fatto la gita con gli husky hanno fatto tutta una storia per essere lasciate da sole. Non so cosa abbiano in mente, ma è un'idea fissa. Sono sicuro. Fidati. Dobbiamo cercarle là.»

Relu scrutò bene la faccia di suo figlio, con gli adolescenti non si è mai sicuri di cosa stiano pensando veramente. Ma stavolta non sembrava uno scherzo. Si avviarono di buon passo lungo il sentiero. Contavano di avere ancora diverse ore di luce, ma lassù l'ombra delle montagne giocava brutti scherzi e non ci si poteva regolare con l'ora del tramonto. In più nella foresta era sempre più buio.

«Speriamo che quelle quattro si rendano conto che qui il sole va giù prima. Non mi sembrano delle matte, probabilmente tornerebbero da sole in tempo per cena. Ma con il pensiero di quel piccino non abbiamo bisogno di altre preoccupazioni, piuttosto di otto occhi e orecchie per trovarlo.»

«Stanno bene, papà. Davvero. Io ci scherzo perché non mi piace sembrare *psycho*. Ma se mia sorella fosse nei guai lo sentirei. È sempre stato così, non c'è motivo per cui dovrebbe essere diverso oggi. Lei nel bosco sta sempre bene.»

41

«Ragazze, dobbiamo andare!» Derb si riscosse dallo stato di percezione alterata in cui erano entrate da un tempo che non avrebbero saputo misurare. Aprì gli occhi e in meno di un secondo era vigilissima – ripeté: «Ragazze dobbiamo tornare, è successo qualcosa».

Le altre la guardarono ancora un po' rallentate, poi Ris chiese: «Cosa vuol dire, è successo qualcosa? Come lo sai?».

«Mio fratello mi sta cercando, è preoccupato. Lo sento. A noi succede, possiamo sentirci. Un tempo ci allenavamo anche, ma poi lui ha cominciato a vergognarsene. Quindi se adesso sta cercando di comunicare con me è successo davvero qualcosa. Dobbiamo sbrigarci.»

Dopo quello che avevano appena vissuto, nessuna delle tre si stupì minimamente della frase di Derb, né ne mise in dubbio il contenuto. Bisognava andare, e di corsa.

Avrebbero parlato dopo di ciò che avevano sentito intorno all'abete.

Anche perché al momento nessuna avrebbe trovato le parole per descriverlo. Ma non erano neanche necessarie, avevano appena scoperto talmente tanti altri sensi. Le parole sarebbero arrivate poi, forse.

Ripercorsero a ritroso il cammino verso il margine della foresta rendendosi conto dei cambiamenti nella luce. Era davvero quasi buio sotto le chiome. Ma neanche per un secondo ebbero paura. Non ne avrebbero mai più avuta, vicino a un albero.

Quando sbucarono sul prato in discesa, videro Constantin e suo padre che venivano verso di loro. Avevano l'aria seria e preoccupata, si capiva già da lontano. Si misero a correre e a sbracciarsi per farsi vedere. In pochi minuti erano insieme.

«Costi, cosa è successo? Ti ho sentito.»

«Menomale, Sis. Ecco...» Constantin si fermò quando realizzò che anche Edme lo avrebbe sentito. Si trattava del suo fratellino, stavolta non voleva dire una parola sbagliata. Suo padre lo capì e si prese la responsabilità di parlare: «Ecco, ragazze, non è che per caso prima di uscire avete visto il piccolo Léo? Sono sicuro che non sia successo nulla, ma siamo venuti a cercarvi perché tua mamma non l'ha trovato salendo in camera. Magari ora l'hanno già ritrovato, ma è meglio rientrare».

«Io sono salita in camera a lasciare un biglietto, non volevo che la mamma si preoccupasse e le ho scritto che venivamo qui. Léo dormiva.»

«Ah, benissimo, un'informazione utile. Sai, forse la mamma non ha visto il tuo biglietto perché cercava tuo fratello. Ora non facciamola preoccupare. Quassù non ho neanche campo per telefonarle. Dobbiamo proprio andare.»

Percorsero il sentiero a rotta di collo e quando arrivarono in vista del rifugio notarono un fuoristrada della forestale nel parcheggio e degli uomini in divisa che stavano montando un faro in cima a un palo.

Non era ancora buio, ma la superficie del lago era già in ombra e un gruppo di persone la stava sfiorando con i raggi di alcune torce.

Il significato di quello che stava accadendo piombò come un macigno sulle spalle di Edme, che si fermò impietrita. Le amiche la sentirono all'istante e si strinsero a lei formando un'immagine speculare a quella sulla terrazza con Marie-Hélène ed Eva che si stringevano ad Anne.

Accelerarono il passo.

«Mamma!» Edme si lanciò tra le sue braccia ed entrambe trattennero a stento le lacrime. «Mamma, scusa, non volevo farti preoccupare. Quando sono salita in camera Léo dormiva come un sasso, davvero, te lo giuro…»

Anne annuì senza rispondere. Da quando erano arrivate le guardie della forestale con i fari e le avevano annunciato che stavano arrivando i cani antivalanga non era più riuscita a dire nulla. La sua testa aveva fatto tilt, riusciva solo a ripetersi: *Non avremmo dovuto lasciare Quercia a casa, non avremmo dovuto lasciare Quercia a casa. Se Quercia fosse stata con lui non sarebbe successo. Lui ce lo aveva detto.* Ma non poteva permettersi di crollare.

Così aveva trovato quella posizione in terrazza e si era messa di vedetta. Avrebbe voluto partire alla ricerca, in ogni anfratto di quella valle. Ma le avevano detto chiaramente che era meglio che lei restasse lì. Aveva capito che una madre nel panico era l'ultima cosa che serviva alle ricerche. Ma lei non poteva stare immobile, il suo bambino era da qualche parte là fuori, doveva andare da lui.

Poi le torce avevano cominciato a scansionare il pelo dell'acqua.

42

Quel pomeriggio non aveva assolutamente intenzione di addormentarsi. La mamma insisteva, la cena sarebbe stata più tardi del solito, il giorno dopo avrebbero dovuto camminare, quella mattina si erano alzati presto. Ma a Léo tutto questo non interessava. Quel posto nuovo era pieno di cose da esplorare. Voleva provare le altalene, lanciare i sassi nel lago, raccogliere un bel legno da portare a Quercia. Lei avrebbe capito un sacco di cose dall'odore di un legno e forse lo avrebbe perdonato di averla lasciata a casa. La mamma aveva anche promesso che se avesse dormito poi avrebbero potuto fare una videochiamata per vedere come stava Quercia, ma in video non si sentono gli odori. Non era giusto che non fosse lì con lui. E non era giusto che sua sorella fosse libera di andare dove voleva con le sue amiche. Da quando era andata via una settimana, la mamma la trattava come se fosse diventata grande. Le lasciava fare un sacco di cose. Anche quando era in punizione l'aveva lasciata uscire ed erano andati nel bosco. A lui era piaciuto andare nel bosco con sua sorella. Gli alberi raccontavano un sacco di storie divertenti.

Ecco, come al solito alla fine si era addormentato. La

mamma ci riusciva sempre. Lo fregava facendolo mettere sdraiato e leggendogli la sua storia preferita. Lui provava ogni volta a resistere. Ma lei si metteva lì accanto a lui, con il libro davanti e con il dito seguiva le lettere e le figure e gliele ripeteva con la bocca appoggiata alla sua mano così che lui sentisse bene l'aria che usciva, e intanto facevano anche il segno. Diceva che così lui avrebbe parlato bene due lingue, quella della bocca e quella dei segni, e avrebbe sempre potuto farsi capire e avrebbe saputo anche leggere bene ad alta voce.

A lui piaceva imparare le parole con la mamma: *A* di *Apfel*, *B* di *Buch*... di solito si addormentava prima della *M* di *Mutter*, ma oggi era riuscito a resistere fino a *W* di *Wald*, poi era crollato.

Si era svegliato per la porta che si apriva piano e faceva entrare un raggio di luce. Aveva visto sua sorella, ma aveva continuato a tenere gli occhi chiusi. Cosa ci faceva lei nella loro camera?

Edme aveva preso uno dei suoi fogli da disegno sul tavolino e con i suoi pastelli aveva scritto qualcosa. Poi aveva posato il biglietto vicino al suo letto e se ne era andata. Un disegno per lui?

No, erano solo scritte. E lui non capiva bene il corsivo.

C'erano otto parole, l'ultima era la firma, lo sapeva anche lui che le lettere si firmano, scriveva tutti gli anni a Babbo Natale e ai nonni. Le altre parole non le capiva, ma una sì. C'era nel suo libro: WALD.

Sua sorella gli aveva lasciato un biglietto con scritto foresta.

Era una caccia al tesoro? Al suo compleanno Edme gli aveva organizzato una bellissima caccia al tesoro, i suoi amici si erano divertiti un sacco e gli avevano invidiato una sorella grande così in gamba.

Si era messo in ginocchio sul letto per guardare fuori dalla finestra e le aveva viste, Edme e le sue amiche che camminavano sul sentiero verso il bosco.

Non c'era un secondo da perdere, doveva seguirle senza farsi scoprire. Ormai era grande, sapeva vestirsi e allacciarsi le scarpe da solo e sapeva anche che nel bosco si va con la giacca, perché il sole non entra e fa fresco, lo ripeteva mille volte la mamma. E poi gli esploratori hanno sempre uno zaino con la borraccia e la pila, nel suo c'erano anche gli avanzi della merenda del viaggio. Era pronto.

Anzi, no, non doveva dimenticarsi una cosa, un biglietto per la mamma. Prese il suo album e pensò a quello che avrebbe voluto dire. Non era facile, a scuola facevano solo lettere, a parte il suo nome conosceva poche cose. Poi ebbe un'idea, scrisse due parole che sapeva bene: EDME e WALD, poi aggiunse dei disegni per le parole che non sapeva scrivere: quattro femmine, di cui una coi capelli verdi.

Era perfetto. La mamma avrebbe capito. Poteva andare tranquillo, e doveva anche sbrigarsi per raggiungere quelle quattro.

43

L'ansia si tagliava con il coltello nella sala del rifugio. Il personale di servizio aveva acceso il fuoco nel camino sperando di riscaldare un po' gli animi e riforniva regolarmente di caffè e dolci il tavolino in mezzo ai divani. Quasi nessuno aveva smontato a fine turno. La storia di quel bambino li toccava in prima persona. Sembrava impossibile che si fosse allontanato senza che nessuno lo vedesse. Avrebbero fatto del loro meglio per essere d'aiuto, fosse stato anche solo passare la notte a preparare panini e caffè per tutti.

La notte era arrivata. Le ricerche si erano svolte freneticamente fino alle ultime luci, tutto intorno al rifugio, su per i pendii, lungo i sentieri, tutti gli ospiti si erano offerti volontari.

Ma col calare del buio, le guardie forestali non avevano voluto più nessuno in giro per la montagna. Non volevano dover occupare delle risorse per colpa di qualcuno che si fosse rotto una gamba inciampando al buio. Fuori restavano solo le squadre coi cani. Paul si muoveva senza sosta da un lato all'altro del rifugio seguendo gli spostamenti delle luci delle torce. Relu lo accompagnava e Constantin li seguiva preferendo qualsiasi cosa al vedere i pensieri che passavano sul volto terreo di sua madre.

Sul divano Anne sedeva immobile tra Eva e Marie-Hélène straziandosi la testa in mille pensieri.

Di fronte a loro Ris, Derb e Fing si stringevano a Edme che pensava fosse tutta colpa sua. Se lei non avesse voluto vedere le sue amiche non sarebbero venuti lì, e non avrebbero lasciato Quercia a casa, e lei avrebbe passato il pomeriggio con suo fratello e lo avrebbe detestato, ma sarebbe stato ancora lì.

Marie-Hélène prese la mano di Anne e ruppe il silenzio: «Anne, scusa se te lo dico io, ma ho pensato che sia meglio che a farlo sia una voce amica. Credo che sia il caso di chiamare il 116.000...».

Anne non reagì, ma Eva, che aveva capito perfettamente di cosa stavano parlando, il numero dei minori scomparsi, lanciò un occhio alle quattro ragazzine sul divano di fronte e fece un segno con la testa all'indirizzo di Marie-Hélène, *non davanti a loro*. Poi si rivolse a sua figlia: «Derb, tesoro, io credo che sia meglio che voi quattro saliate in camera a riposare. So che sarà difficile dormire, ma potreste farvi una doccia, siete state in giro tutto il giorno. Non siete utili a nessuno qui, digiune, sporche e assonnate. Prometto di chiamarvi appena abbiamo notizie e sono sicura che sarà presto e saranno buone».

«Ma mamma...» Derb provò a rispondere, ma l'occhiata di sua madre non ammetteva repliche, non le voleva tra i piedi.

Il problema non era certo la doccia, dovevano parlare di qualcosa tra grandi, o forse non voleva che loro fossero lì nel momento in cui fosse arrivata una notizia e non fosse stata buona. Le stava chiedendo di portare via Edme. Stava accingendosi a malincuore a ubbidire, quando i suoi pensieri furono interrotti dalla voce di Fing: «Mamma?!».

Diane entrò nella sala e buttò le braccia al collo di Anne. Dietro di lei restò in piedi in silenzio un bell'uomo alto dalla pelle scura e i lineamenti delle persone originarie dell'Africa centrale. Indossava la divisa della forestale, quindi Fing pensò facesse parte delle squadre di ricerca e dovesse parlare con Anne. Poi però si accorse che la stava guardando.

«Tu devi essere Gaia, giusto?»

«Be', veramente qui siamo tutte Gaia, io mi chiamo...»

«Fing, lo so, me l'ha detto tua madre, ma non sapevo se era solo per gli amici. Però ti ho riconosciuta subito, per...»

«I miei capelli verdi, avrà detto anche questo mia madre.»

«Perché sei uguale a lei. E no, non mi aveva mai parlato dei tuoi capelli.»

Fing avrebbe voluto chiedere chi era questo sconosciuto e cosa ci faceva lì a quell'ora con sua madre. Ma fu lei stessa a fornire la risposta.

«Tesoro, vieni qui, scusami, non ti ho neanche salutata, fatti abbracciare. Sono venuta appena ho saputo. Avevo chiamato Marie-Hélène per sapere come stavate, ero al bar. Bruno è un amico, aveva appena finito il turno, anche lui è un forestale, viene spesso a mangiare all'Alpenstock e si è offerto di accompagnarmi con la sua macchina.»

Fing non aveva mai sentito sua madre raccontarle di qualcuno del bar, soprattutto con quel tono leggero, ma mentre la abbracciava si disse che non era il momento per essere gelosa. L'importante era che anche la mamma fosse lì, serviva l'aiuto di tutti, anche di quel Bruno, magari.

«Diane, benissimo che sei arrivata anche tu. Stavamo appunto dicendo alle ragazze che sarebbe una buona idea se andassero un momento in camera a riposare...»

Diane colse al volo il messaggio implicito di Eva. Erano le dieci di sera, a quel punto erano passate almeno cinque ore dall'ultima volta che Léo era stato visto. Le ricerche avrebbero preso un'altra piega, a cui era meglio che le quattro ragazzine non assistessero. Si offrì di accompagnarle di sopra.

Edme preferì andare nella camera dei suoi genitori, dove poco prima aveva lasciato suo fratello addormentato. Le amiche rifiutarono di lasciarla sola, così tutte e quattro si installarono insieme nella stanza dei Meyer, che difficilmente quella notte ne avrebbero avuto bisogno per dormire.

44

Su insistenza di Diane, le ragazze si erano fatte una doccia e messe in pigiama ed erano sedute sul divanetto in camera dei genitori di Edme. Davanti a loro, sul tavolino, l'album e i colori di Léo. Derb cercò di confortare l'amica: «Edme, non è colpa tua. Lo vedo che lo pensi. Ma non hai fatto nulla per metterlo in pericolo».

«Mmm.»

«Ascolta, i fratelli sono fatti per farci preoccupare, sono sicura che da un momento all'altro lo troveranno e domattina ci rideremo sopra davanti a una fetta di crostata.»

«Mmm.»

Fing intanto stava guardando i disegni di Léo, c'era un cane, indubbiamente Quercia, c'erano diversi alberi, anche lui condivideva la loro passione, una casa, doveva essere la loro a Muotathal. Poi la sua attenzione si fermò sull'ultima pagina. Ris lo notò e seguì il suo sguardo.

«Ma quelle siamo noi!» esclamò, facendo sussultare le altre tre. «Edme, guarda! Anzi, dimmi una cosa: tu hai detto che sei salita in camera a lasciare un messaggio per tua mamma prima che andassimo nel bosco.

E dove lo hai messo? Avevi detto che l'avresti lasciato vicino a Léo per essere sicura che tua madre lo vedesse subito, giusto? E cosa ci avevi scritto? E in che lingua?»

«Eh?» Edme rimase un momento interdetta sotto quella raffica di domande. «Sì, ho lasciato un biglietto vicino a Léo, ho scritto che stavamo andando a fare una passeggiata, nel bosco... l'ho scritto in tedesco... Perché?»

«Guarda qui! Guarda l'ultimo disegno di tuo fratello!»

«C'è scritto WALD e EDME... Sembra un rebus.»

«E ci siamo noi disegnate e ci sono una freccia e degli alberi. Léo sa leggere?»

«No, cioè, comincia con qualche parola.»

«Ed evidentemente ne sa anche scrivere qualcuna. A me questo più che un rebus sembra un messaggio.»

«Vuoi dire che Léo ha scritto che sarebbe venuto con noi nella foresta?» chiese Derb, che aveva afferrato dove voleva arrivare il ragionamento di Ris.

«A me pare di sì. Potrebbe aver trovato il messaggio di Edme, aver capito dove stavamo andando e provato a fare la stessa cosa. Cioè seguirci nel bosco e lasciare un messaggio. In fondo è normale che un fratello cerchi di imitare la sorella più grande.»

«È colpa mia!»

«Eccola che ricomincia, smettila, Edme, così non serve a nulla!»

«Piuttosto, pensiamo bene. Se avessimo cinque anni e volessimo seguire nostra sorella e le sue amiche nel bosco, cosa prenderemmo? Quali sono le cose che vostra madre vi ripete allo sfinimento? La mia ci ossessiona con: *mettiti la giacca!* Guardiamo se c'è la giacca di Léo!»

Corsero all'attaccapanni in ingresso ed effettivamente la giacca del bambino non c'era. A quel punto Edme sembrò riprendersi dal suo torpore dolente.

«Non ci sono neanche i suoi scarponi!»

«È capace di allacciarseli da solo?»

«Ha appena imparato, comunque hanno le stringhe elastiche.»

«Bene! Cos'altro, Edme, guardati in giro, cos'altro manca tra le sue cose preferite? Qualcosa che porta sempre con sé.»

«Il suo zaino, è rosso. Dentro aveva la borraccia e il portapranzo. Non lo vedo.»

«Perfetto! Questa è un'ottima notizia!»

«Perché?»

«Perché ora quando scenderemo a dire a tua mamma che Léo si è perso nella foresta, potremo dirle che ha con sé la giacca, la borraccia e anche del cibo. E visto la piega che stavano prendendo le ricerche qui sotto, questa sarà un'ottima notizia.»

«In che senso, che piega?»

«Be', mia mamma ha nominato il 116.000, è il numero di Missing Children, gliene ho sentito parlare una volta che ha fatto un corso di aggiornamento a scuola. Vuol dire che stavano pensando che qualcuno potrebbe aver rapito tuo fratello. Il che è mille volte peggio dell'idea che si possa essere perso nella nostra foresta. Venite, corriamo a dare la buona notizia.»

Quando arrivarono all'ingresso della sala del camino, Paul e Anne stavano parlando con una poliziotta in divisa, Eva e Marie-Hélène, che erano ancora al suo fianco, fecero segno alle ragazze di aspettare. Ma le quattro mostrarono segni di impazienza indicando il disegno che avevano in mano. La poliziotta si voltò e fece segno loro di avvicinarsi.

«Voi siete la sorella di Léo e le sue amiche?»

«Sì, signora, io sono Gaia, e anche loro.»

«Ah, bene, quindi secondo i miei appunti siete Gaia M., Gaia A., Gaia D. e Gaia G., non mi era mai capitato di avere quattro testimoni con lo stesso nome.»

«Siamo testimoni?»

«Be', dipende da voi, avete qualcosa da dirmi? Mi sembrava che aveste qualcosa da dire alle vostre madri, e quello cos'è, un disegno?»

«Noi sappiamo dov'è Léo!»

45

Quando ebbero raccontato le loro scoperte e la loro teoria, Edme e le sue amiche erano certe che tutti sarebbero scattati in direzione della foresta, che loro sarebbero state chiamate a indicare il punto preciso in cui credevano fosse Leo. Il che avrebbe posto loro qualche problema, perché non erano per niente sicure che il grande abete avrebbe gradito tutta quella gente. Ma si trattava di una situazione di emergenza e una volta trovato il bambino sarebbero tornate a scusarsi con la foresta e poi l'avrebbero lasciata in pace.

Invece.

La risposta dei grandi fu che in quel momento le ricerche in esterno erano sospese per qualche ora. Aveva cominciato a piovere ed era troppo buio. Alle prime luci dell'alba sarebbe arrivato l'elicottero, finora impegnato nel salvataggio di un gruppo di alpinisti sull'altro versante. Solo allora avrebbero ripreso a cercare e sicuramente una squadra sarebbe andata nella foresta. Comunque erano molto grati delle loro informazioni, era importante sapere che Léo aveva probabilmente degli abiti pesanti e un po' di cibo. Ora però era bene che le ragazze tornassero in camera a dormire.

Era stata la poliziotta a parlare, ma nessuno dei genitori aveva obiettato. Edme avrebbe voluto anche protestare, ma un'occhiata all'espressione disperata di sua madre la fece desistere.

Avrebbe voluto dirle *Mamma, sta bene, è nella nostra foresta, è al sicuro, ci penserà lei a proteggerlo*, ma temeva che non le avrebbero creduto e di peggiorare la situazione.

Mentre passavano davanti alla reception dirette ancora una volta verso la loro camera, incontrarono Relu e Constantin presi in un'animata discussione.

«Ci mancava anche questa! E non posso certo dirlo a Paul in questo momento.»

«Cosa succede, Pa'?»

«Niente, niente. Piuttosto cosa ci fate voi quattro ancora in giro? Non mettetevi in testa qualcuna delle vostre idee.»

«E allora cosa ci fa lui in giro? Non ti dimenticare che siamo gemelli.»

«Mpf, va bene, Costi, anche tu, filate tutti a letto, non serve avervi in piedi adesso.»

«Volevi dire *tra i piedi*, vero?»

«Anche, sì, a letto!»

Constantin lanciò uno sguardo di fuoco a sua sorella e si avviò su per le scale. Sperava ancora di essere lui l'eroe della giornata e trovare il bambino, invece lo mandavano a letto.

«Costi, aspetta, cos'è che papà non può dire a Paul?»

«Sono arrivati i risultati del referendum contro la diga. Sarete contente di sapere che avete vinto, niente diga, niente cliente per Paul, e niente lavoro per nostro padre!»

«Ma noi non intendevamo certo questo...»

«Ne sei sicura?» Sbatté la porta in faccia a sua sorella e si mise sul letto a fare piani per la mattina seguente. Si sarebbe alzato prima di tutti e avrebbe trovato Léo, così avrebbe mostrato a tutti di cosa era capace, e Paul sarebbe stato grato per sempre alla loro famiglia e magari...

46

Furono svegliate poco prima dell'alba dal rumore dell'elicottero che atterrava.

Si erano addormentate tutte insieme sul pavimento. Volevano stare vicine a Edme, farle sentire il loro affetto anche dormendo. La prima reazione vedendo i volti amici fu quella di sorridere, poi la realtà cambiò in un istante le loro espressioni. Fu Fing a parlare per prima: «Edme, io l'ho sognato, Léo. Stava bene, era nella foresta, ma...».

«Ma?» chiese Ris impaziente.

«Era come in una specie di grotta, anzi non era proprio una grotta, non era di sassi, era più un nido, fatto di piante...»

«Uo, uo, aspetta, hai detto *nido*? Anche io ho sognato un nido, ma era pieno di semi e germogli, non ho visto Léo.»

«Io ho rivisto l'abete e tutte le immagini che avevo visto ieri quando eravamo nella foresta abbracciate al tronco.»

«Anche io, non mi sembrava ieri però. Ho visto la rete delle radici e quella dei rami, era tutto collegato da dei fili di luce, ma che sembravano anche liquidi.»

«Come quello che avevo visto io a Boedmeren. Abbiamo tutte sognato la foresta, voi credete che voglia dire...»

«Che dobbiamo andare a cercare Léo. Vestiamoci alla svelta, se loro non vanno a cercarlo nel bosco, ci andiamo noi. E se ci vanno loro, ci andiamo anche noi! E quando lo avremo ritrovato, cercheremo di capire questa storia del nido e della rete.

«Comunque, Edme, io volevo dirti di stare tranquilla, sono davvero sicura che tuo fratello sta bene. Mi sono anche ricordata di una storia, era successa in Italia, ma mia mamma l'aveva seguita tutta. Un bambino, più piccolo di Léo, che abitava in una casa vicina a un bosco, era uscito di casa da solo e non lo trovavano più. Lo avevano cercato con i cani per un giorno e una notte, poi per caso un giornalista che stava arrivando sul posto aveva sentito un rumore e lo aveva ritrovato, sano e salvo, dopo trenta ore! Mi ricordo la cifra perché per giorni mia madre l'aveva ripetuta. Quando i miei fratelli si lamentavano che stavano morendo di fame, lei rispondeva: *Pensate a quel povero bambino,* TRENTA ORE*!*

«Be', non ne sono passate neanche ventiquattro.»

Quando arrivarono di sotto trovarono Diane, Eva e Marie-Hélène che le aspettavano al tavolo della colazione. Avevano le facce stanche, ma si vedeva che erano passate almeno un attimo in camera a cambiarsi e pettinarsi. Le ragazze le guardarono stupite, cosa ci facevano a tavola? Fu Marie-Hélène a rispondere con il suo tono cento per cento professoressa.

«Buongiorno, ragazze, spremuta, latte o yogurt, omelette al formaggio e se volete una fetta di torta.»

«Ma mamma! Ma stai scherzando! Non c'è tempo! Noi dobbiamo andare nel bosco.»

«Neanche un po'. Ieri sera, prese dagli eventi, vi abbiamo lasciato saltare la cena, ma è fuori discussione che voi affrontiate questa giornata a stomaco vuoto. Quindi possiamo perdere tempo a discutere, oppure potete mangiare rapidamente tutto e poi noi potremo accompagnarvi sul sentiero, se le squadre di ricerca ce lo consentiranno.»

«Ragazze, lasciate perdere, quando mia madre è in *full prof mood*, si fa prima a ubbidire.»

«Ma avete fatto così anche con Costi?»

«Non ho avuto il piacere di vedere tuo fratello stamattina, credo che sia uscito presto insieme a tuo padre, ma l'ho visto bene ieri sera mentre mangiava tre panini e due fette di torta, quindi non mi sento responsabile del suo stomaco. Altrimenti ti giuro che sarebbe anche lui qui a tavola in questo momento.»

Si ingozzarono di colazione e si precipitarono fuori dove aveva smesso di piovere, ma il cielo era ancora coperto di nuvole chiare. Le operazioni di ricerca proseguivano, i turisti erano partiti, e i forestali stavano assegnando alle diverse squadre di volontari le porzioni di terreno da esplorare.

Relu, Bruno e altri due uomini stavano salendo sul sentiero verso il bosco.

«Papà! Aspetta, veniamo anche noi!»

Il padre di Derb si voltò e stava per aprire bocca, quando incrociò lo sguardo di sua moglie che gli fece cambiare idea. Fu rapidamente deciso che Marie-Hélène, Diane e le ragazze sarebbero andate nel bosco con loro, mentre Eva sarebbe rimasta al rifugio con Anne. Nessuno notò l'assenza di Constantin.

Il gruppo si mosse rapidamente e senza fiatare, fino al limitare degli alberi.

«Ok, ragazze, adesso ci distribuiamo in linea retta per quanto possibile e avanziamo nel bosco. Cerchiamo di restare sempre visibili e voi quattro non vi separate. Qualsiasi indizio può essere utile. Questo è un fischietto, se doveste perderci di vista, fate un fischio lungo per segnalare la vostra posizione. Due per dire che va tutto bene. Se invece ci fosse qualsiasi problema, il segnale per l'Sos è...»

«Punto, punto, punto, linea, linea, linea, punto, punto, punto! Lo so, Pa', me lo ripeti a ogni passeggiata. Non ti preoccupare, siamo state ieri in questo bosco e siamo tornate a casa sane e salve. Non è di noi che ti devi occupare.»

Quando furono in posizione, le quattro amiche si scambiarono uno sguardo di intesa e si avviarono veloci verso il centro della foresta. Diane e Marie-Hélène appena se ne resero conto si misero a seguirle, chiamando a gran voce. Ris le tacitò.

«Mamma, noi dobbiamo andare in un posto, e dobbiamo farlo in silenzio altrimenti non possiamo sentire la foresta cosa ci sta dicendo. Se volete trovare Léo, seguiteci, ma non fate chiasso. E stavolta non provare a farmi cambiare idea, ho fatto colazione come volevi, ora tu dai retta a me.»

Marie-Hélène stava per rispondere, ma Diane le posò una mano sulla spalla e annuì. Stavolta avrebbero dato fiducia alle loro figlie. Soffiarono due volte nel fischietto e proseguirono il cammino.

Il sottobosco si faceva sempre più fitto, ma le ragazze avanzavano sicure e le madri le seguivano ammirate.

Arrivarono al grande abete. Fino a quel momento avevano sperato di trovare Léo lì. Ma non ce ne era traccia. La delusione stava tramutandosi in sconforto, quando Fing fece segno alle altre di imitarla e abbracciare l'albero. Diane e Marie-Hélène si unirono al cerchio, in sei riuscirono a cingerlo tutto, toccandosi le mani.

Ormai conoscevano il rituale: se volevano che la foresta parlasse con loro, dovevano mettersi in ascolto. E ora avevano tanto bisogno di una sua risposta.

Ah, eccovi, siete tornate.

Al calar del sole credevo vi avrei viste, avevate lasciato quel germoglio minuscolo.

Non credevo sarebbe sopravvissuto al freddo senza di voi.

Un germoglio così piccolo non dovrebbe star lontano dalle radici della sua famiglia.

A meno che la ghiandaia non lo nasconda in uno dei suoi buchi insieme a tanti altri, non può superare la notte.

Voi umani poi avete così pochi germogli, dovete tenerli da conto.

Sta bene, ma mi stupisco di voi, pensavo che l'abete vi avesse fatto vedere abbastanza. Che aveste capito.

Speravo poteste aiutarci.

Che foste pronte a vedere il nido.

Ci si è nascosto il germoglietto quando è scesa l'acqua dal cielo.

Avevo paura me lo portasse via, è così piccolo e senza radici.

Ma sa già molte cose.

Sa parlare con noi.

E poi ha riempito d'acqua quel suo piccolo guscio.

E ha concimato dopo aver mangiato, molto generoso da parte sua.

Ora sta bene, è venuto un altro germoglio a riprenderselo.

È un po' più grande e manda vibrazioni gemelle.

Le ragazze erano estasiate, era la prima volta che la foresta parlava loro così direttamente. Sapevano che stavano sentendo tutte e quattro, e insieme si stavano sforzando di farsi capire, di porre una domanda diretta che le aiutasse a trovare Léo.

Ma un rumore le distrasse, erano passi, una voce, forse due. Derb si riscosse e gridò: «È Constantin, sono sicura!».

«Cosa?» chiese sua madre allarmata. Le altre la guardavano e tendevano le orecchie cercando di percepire un eventuale rumore.

«È qui vicino, sta bene, mamma» la rassicurò, poi chiamò: «Costi! Sei tu, vero?».

«Sì, sono io! E sono con Léo!» rispose il suo gemello.

Da quel momento le cose cominciarono a muoversi vorticosamente. Marie-Hélène iniziò a fischiare Sos senza sosta, finché non ottenne un fischio di risposta dal resto della squadra. Constantin sbucò dai cespugli con in spalla Léo, che per quanto molto sporco sembrava in ottima salute. Diane lo prese in braccio, gli ripulì il viso con la mano prima che la sorella lo avvolgesse in un abbraccio senza fine. A quel punto Marie-Hélène tirò fuori dallo zaino un succo di mela e una barretta che il bambino divorò. Poi guardò Edme e disse: «Voglio la mamma!».

Il pensiero delle due madri andò subito ad Anne, non potevano lasciarla soffrire un minuto di più. Ma i telefoni nella foresta non prendevano, dovevano solo avviarsi il più rapidamente possibile verso i soccorsi. Si misero a correre, Léo in spalla a Edme che non lo avrebbe lasciato a nessun costo. Lui le stava a cavalcioni e le parlava ininterrottamente nell'orecchio. Nessuno sentiva il fastidio dei rami del sottobosco, la foresta sembrava far loro strada.

Fing alzò gli occhi verso le chiome e disse grazie.

Appena incrociarono Relu e gli altri soccorritori comunicarono via radio con la base.

«Bravo, piccolo, la mamma e il papà ti stanno aspettando, e pare proprio che farai un bel giro in elicottero.»

Léo si aprì in un enorme sorriso sdentato.

Sbucati sul prato videro una lunga fila di forestali e volontari che li stavano aspettando, alle finestre del rifugio era affacciato tutto il personale. Quando videro la piccola personcina sudicia avvinghiata a sua sorella, scoppiarono in un applauso liberatorio.

L'elicottero mise in moto e solo allora Edme vide l'esile figura di sua madre accanto al portellone. Sembrava aver perso dieci chili in una notte, ma in un istante riguadagnò la vita.

La poliziotta con la radio stava parlando con Paul: «Sull'elicottero c'è posto solo per il bambino e un genitore, immagino voglia andare la madre, lei se la sente di guidare? La scortiamo noi fino all'ospedale. Poi avrò bisogno di fare a tutti voi delle domande, devo accertarmi che non siano stati commessi reati. Ma prima di tutto verifichiamo le condizioni di salute del bambino, anche se, da qui, mi sembra stia benone. Congratulazioni, signor Meyer, è finita bene.»

«Sì, sì, grazie a voi, a tutti. Ma mia figlia?»

«Non ti preoccupare, Paul, ci pensiamo noi» risposero in coro Marie-Hélène, Diane ed Eva con gli occhi pieni di lacrime alla vista dell'abbraccio in cui Anne stava stringendo i suoi figli.

«Ci fermiamo un attimo qui, immagino che Constantin dovrà rispondere a qualche domanda. Poi recuperiamo le valigie di tutti e appena voi ci dite che è possibile vi portiamo Edme all'ospedale» precisò Marie-Hélène mentre notava l'arrivo della sua macchina con a bordo Luca e Benjamin. «Anzi, vi faccio una proposta, visto che le scuole sono chiuse ancora per una settimana e le ultime ore sono state faticose per tutti, cosa ne direste se io invitassi le ragazze a casa nostra a Aubonne per qualche giorno? Non rispondere adesso, avete un elicottero che aspetta. Ma io le ospito con piacere e tutti voi potreste prendervi qualche giorno di riposo un po' diverso dal solito» aveva detto questa frase strizzando l'occhio a Diane che in quel momento era stata raggiunta da Bruno.

Paul e Anne si scambiarono solo uno sguardo, cercarono con gli occhi la conferma di loro figlia che annuì sorridendo e poi dissero semplicemente grazie prima di salire in macchina e in elicottero. Edme diede un ultimo bacio a suo fratello e rispose con le mani al discorso che lui le ripeteva ininterrottamente da quando lo aveva preso in braccio. Poi lo vide prendere il volo abbracciato alla mamma più felice della terra.

47

Le cose andarono come suggerito da Marie-Hélène.

A parte purtroppo qualche ora di preoccupazione per la salute di Léo, che aveva cominciato a tossire facendo temere una polmonite.

In realtà non era niente di così grave, ma dopo gli anni di pandemia, i protocolli ospedalieri erano particolarmente rigidi, quindi il bambino rimase in osservazione per diversi giorni e Edme non poté vederlo.

Le ragazze restarono volentieri a casa di Ris, raggiunte anche da Constantin che aveva colto al volo la scusa di lasciare la sua camera al papà di Léo e faceva banda con Benjamin, il quale a sua volta era ben contento di avere un fratello minore per qualche giorno.

Paul faceva avanti e indietro dall'ospedale di mattina e discuteva di lavoro con Relu la sera. Stavano rielaborando la sconfitta al referendum e, a quanto aveva sentito Costi, le microdighe sembravano tornate di attualità.

Edme era ben contenta di questa sistemazione, ma era rimasta con un discorso in sospeso. E proprio a quello stava pensando, mentre chiacchierava con le sue amiche, variamente accampate nella camera di Ris.

«Allora, Ris, sarai soddisfatta adesso, abbiamo avuto la nostra missione. Veramente da supereroine, ritrovare un bambino sperduto è roba da Avengers» disse Derb con tono scherzoso.

«Mmm, a parte che l'ha ritrovato tuo fratello, ma non sono per niente convinta che quello sia il nostro obiettivo finale, si è trattato di un brutto incidente finito bene.»

«Mio fratello non avrebbe trovato nulla se non fosse stato per il nostro lavoro investigativo e il nostro legame speciale con le foreste.»

«Questo forse meglio non dirlo, perché se noi non fossimo andate nel bosco, Léo non ci avrebbe seguite e non avrebbe corso rischi» rispose Edme seccamente. Ris si stupì del tono acido dell'amica e le posò una mano sul braccio.

«Cosa c'è, Ed? Sei preoccupata per tuo fratello?»

«Se è così ti tranquillizzo subito io, mia madre conosce una delle infermiere del reparto e pare che Léo sia diventato l'eroe dell'ospedale. Fanno a gara a viziarlo e le misure d'isolamento sono sempre meno rigide.»

«No, no, non sono preoccupata, la mamma mi manda un bollettino medico ogni mattina ed è sempre pieno di faccine sorridenti. Solo che avrei voluto vederlo. Mentre uscivamo dal bosco ha provato a dirmi un sacco di cose. Sono giorni che cerco di trovare un filo alle sue parole. Sono stati dei momenti così incasinati, volevo correre da mia madre, poi l'elicottero, l'ospedale... ma sono sicura che era importante, uffa!»

«Presto lo vedrai. Ma intanto possiamo provare ad aiutarti noi, non ti ricordi qualche parola?»

«Ma sì, certo, ha detto nido, rete, parassiti, messaggio, ma non riesco a rimettere insieme il discorso.»

«Ah, be', la cosa si fa interessante. Anche noi abbiamo sentito parlare di nido e insieme abbiamo visto già due volte la rete della foresta. D'accordo, era una specie di visione e non abbiamo ancora ben chiaro cosa volesse dire. Dobbiamo ancora capire cosa vuole la foresta da noi, Léo ti ha parlato di un messaggio, magari si tratta proprio di quello.»

«Ris, tu sei veramente fissata con la nostra missione. Forse però dovremmo farci dire meglio da mio fratello dove e come ha trovato il tuo. Prima non avevo voglia di sentirlo vantarsi, ma forse ha visto qualcosa nella foresta.»

«Hai ragione, comunque penso davvero che Léo abbia un messaggio da darci. Ma sì, ragazze, ha sempre più senso. Ora poi c'è anche la parola *parassita*, magari c'è un parassita che mette a rischio tutte le foreste del mondo e noi dobbiamo salvarle. Oppure c'è un virus delle piante che rischia di passare a noi, come il Covid-19 aveva fatto dai pipistrelli.»

«Ris, direi che adesso stai esagerando.»

«Be', lo vedremo, perché ho appena avuto una superidea e so chi potrà aiutarci a dare un senso a tutte queste informazioni. Domani è mercoledì ed è il giorno di ricevimento della professoressa Monica Galeano, che era molto curiosa di incontrarci tutte insieme. Direi che faremo una bella gita all'Università di Losanna.»

Il giorno dopo le ragazze si misero in moto di buon mattino. Marie-Hélène era ancora in vacanza e aveva accolto con entusiasmo l'idea di accompagnare le ragazze in gita a Losanna e aveva preteso che cominciassero con un bel giro della città. Avrebbero preso il treno, poi visitato insieme il centro, la cattedrale, il Museo Cantonale di Belle Arti, dove avrebbero pranzato sulla terrazza di un piccolo ristorante indiano. Poi loro avrebbero preso la metropolitana fino all'UniL mentre lei si sarebbe goduta una mostra alla Fondazione Hermitage.

La giornata andò secondo i programmi e alle 13.30 le quattro amiche erano sedute su un vagone della linea M1 che in pochi minuti le portò al campus. Ris, che ci tornava per la terza volta, giocò un po' a fare la padrona di casa, mostrando gli edifici e il panorama e magnificando l'ufficio foresta in cui avevano appuntamento.

La stanza di Monica non deluse nessuna, così come la sua proprietaria, che le accolse con il più luminoso dei sorrisi.

«Benvenute, ragazze, allora, se ho ben capito, voi sentite parlare le foreste, giusto?»

A quel punto le quattro amiche furono prese da una crisi di timidezza, non erano certe che la domanda della scienziata non fosse un modo per prenderle in giro. Ris si sentì in dovere di chiedere una precisazione: «Sta dicendo che lei ci crede?».

«Be', prima di tutto sto dicendo che sono felicissima di conoscervi e che se quello che mi hai detto è vero, io ne sarei entusiasta, ma non stupita. Non posso farvi ora una lezione sulle capacità di comunicazione delle foreste perché non mi basterebbe un anno, ma diciamo che nella mia vita di ricerca mi si è fatta sempre più chiara l'idea che l'unica ragione per cui gli umani non comunicano con le piante è perché manca qualcosa agli umani, non il contrario. Detto in parole molto semplici, siamo noi a essere diventati troppo stupidi. Forse però voi siete la prova che possiamo reimparare.»

«Diventati? Reimparare? Ci sta dicendo che secondo lei un tempo tutti gli umani comunicavano con le foreste?» chiese Ris rizzandosi sulla sedia in preda a un incontenibile entusiasmo.

«Naturalmente non ne ho la prova, quindi non lo posso dichiarare scientificamente, ma personalmente lo ritengo altamente probabile. Non so se lo avete studiato a scuola o se lo ricordate, ma gli ominidi da cui discendiamo erano arboricoli, cioè vivevano sugli alberi. Vi sembrerebbe così strano immaginare che formassero insieme un'unica comunità? Una tribù di vegetali e animali – perché limitarci agli umani – che milioni di anni fa popolava la Terra comunicando e collaborando in armonia.»

Le sopracciglia delle ragazze si alzarono formando otto punti interrogativi, sembrava una fiaba, troppo bella per essere vera. Fing fece la domanda per tutte: «E perché avrebbero, cioè avremmo noi umani smesso?».

«Non lo so» sbuffò Monica sconfortata «ho le mie ipotesi, ma ho scelto di concentrare le mie ricerche verso il futuro, il passato della comunicazione umanoforestale mi interessa solo se mi aiuta a ricostruirla. Abbiamo talmente tanto da imparare dalle piante e abbiamo perso talmente tanto tempo disprezzandole, mi viene il nervoso ogni volta che ci penso. Siamo degli ingrati, tutta la vita sul pianeta sarebbe impossibile senza le foreste e noi le disprezziamo, persino nel linguaggio, nei nostri modi di dire. Quando uno di noi non è più cosciente, diciamo che è un vegetale, per dire che è prossimo alla morte. Ma essere un vegetale, un albero, vorrebbe dire potenzialmente essere eterni, poter rinascere dalle proprie cellule, in forma di nuovo germoglio. Noi umani non siamo mica capaci. E magari quel germoglio conserva parte della memoria della pianta madre. Pensate se io potessi trasmettere tutto quello che ho scoperto, non quello che ho dimostrato scientificamente e messo nei libri, ma le intuizioni che non avrò tempo di verificare, a qualcuno che possa proseguire le osservazioni dopo di me...»

Le ragazze ebbero un momento di disagio, evidentemente Monica si stava sfogando, facendo loro delle confidenze, ma non sapevano come si erano meritate quella fiducia, forse l'avevano beccata in un brutto momento. Edme non era sicura di aver capito il senso del discorso e osò chiederlo.

«Mi scusi, ma lei non è vecchia, sembra che si preoccupi della morte...»

«Scusate voi se il mio discorso ha preso un tono cupo, ma lavorando con i grandi alberi ci si rende conto di come le nostre vite durino un minuto rispetto alla loro e gli anni di pandemia lo hanno reso crudelmente evidente. Un minuto piuttosto agitato se pensiamo a quanto velocemente ci muoviamo in rapporto a una pianta. Ma farne il proprio oggetto di ricerca richiede molta umiltà, da un lato si scopre ogni giorno che esseri fantastici siano, dall'altro si è destinati a non vedere i risultati della propria ricerca perché i loro tempi sono più lunghi delle nostre vite. Suppongo quindi di non avere tutta l'umiltà che mi occorrerebbe. Ma forse avervi qui oggi è il mio premio alla lotteria. Raccontatemi di nuovo la vostra storia e ditemi cosa posso fare per voi.» Accompagnò l'ultima frase con un nuovo sorriso, per scacciare la nuvola che era appena passata. Ris colse l'occasione e precedette le risposte delle amiche.

«Noi siamo sicure di avere una missione, che le foreste vogliano qualcosa da noi. Le sentiamo e vediamo anche delle immagini quando abbracciamo un tronco, ma non abbiamo ancora capito cosa dobbiamo fare!» Il tono di impazienza nella sua voce suscitò la simpatia di Monica, assomigliava così tanto alla propria urgenza di raccogliere prove inconfutabili dell'intelligenza della foresta. Derb, Fing e Edme per una volta non si sentirono di contraddire Ris e la sua missione.

«Dite che avete visto delle immagini? Che tipo di immagini?»

Fu Edme a rispondere per prima: «Una rete che collega tutta la foresta, sottoterra e in cielo. È fatta di luce che scorre come se fosse liquida. È importante per il bosco. Ma non sappiamo perché».

«In questo posso aiutarvi io. Secondo me e molti miei colleghi sparsi per il mondo, le foreste sono vere e proprie comunità. Quella che avete visto, noi la chiamiamo scherzosamente l'*internet* del bosco, sottoterra è composta dalle radici e da una fittissima rete di funghi che vivono in simbiosi con gli alberi.

«Le piante destinano fino al venti per cento dei prodotti della loro fotosintesi a nutrire questi amici sotterranei, che in cambio rendono loro una serie di servizi che non siamo ancora riusciti a capire completamente. Ma secondo me comprendono anche il trasporto di informazioni. Anche le cellule vegetali usano degli impulsi elettrici, quindi ha assolutamente senso che tu abbia detto *fatta di luce* anche se non si tratta esattamente di impulsi luminosi.

«Per quanto riguarda il liquido non ho bisogno di insegnarvi io che il nutrimento delle piante è trasportato in forma di linfa.

«Per tanti anni abbiamo creduto che la linfa viaggiasse solo dalle radici alle foglie e viceversa lungo il fusto e i rami, con un andamento prevalentemente verticale.

«Una delle scoperte più interessanti, secondo me, di questo inizio di secolo è che la linfa viaggia anche in orizzontale da una pianta all'altra. Cioè gli alberi scambiano nutrimento. Non possiamo saperne i criteri e le motivazioni, ma abbiamo fondati elementi per affermare che gli alberi si sostengano tra di loro. Che il forte provveda al debole, che la pianta madre con più accesso alla luce e più foglie con cui fare la fotosintesi attraverso le radici trasmetta nutrimento ai suoi germogli finché non sono in grado di provvedere a sé. Poi però ci sono anche piante più giovani che nutrono vecchi ceppi rimasti senza foglie.»

«Sta dicendo che le piante allattano come i mammiferi?»

«Sto dicendo che la vostra immagine della rete ha più che senso per me. E vorrei la potessero vedere tutti, così la smetterebbero di smantellare antiche foreste pensando che tanto gli alberi si ripiantano!»

«Mi scusi, ma se lei è così d'accordo con noi, ci crede anche lei che abbiamo una missione? E quale?» Ris cercava con insistenza risposta alla sua prima domanda.

«E come mai solo noi vediamo queste cose? E perché ci siamo incontrate? E ci chiamiamo tutte Gaia?» Derb voleva trarre il massimo da quell'incontro. Monica sospirò e sorrise: «Allora, premettiamo che ora vi rispondo personalmente e non da scienziata. Se i miei capi mi sentissero avrei vita ancora più dura qui dentro, dove già pensano che sono strana».

«Non lo dica a noi» intervenne per la prima volta Fing strappando un sorriso a tutte le altre.

«Bene, allora da strana a strane vi dico alcune cose in cui credo profondamente:

«credo che nessuno di noi sia qui per caso e che tutte abbiamo una missione.

«Che questa missione sia lasciare il pianeta un po' meglio di come l'abbiamo trovato.

«Che, visto ciò che hanno fatto gli umani prima di noi, renderlo migliore comprenda inevitabilmente difendere le foreste, ognuna alla propria maniera.

«Credo poi fortemente che noi donne siamo chiamate a farlo ancora più dei maschi, perché da qualche migliaio di anni hanno avuto loro il potere e guardate cosa ne hanno fatto. Credo anche che dovremo farlo insieme, come una foresta in cui giovani e meno si sostengano.

«Credo poi anche che siano sempre esistite persone più sensibili di altre, che hanno saputo cogliere meglio i segnali, attraverso visioni, magari sogni...».

«Io faccio dei sogni» disse Fing «io sogno sempre una giungla, e un uomo coi capelli come i miei. Non ho mai conosciuto mio padre, ma mia madre dice che era capace di entrare nei suoi sogni.»

«Bene! Sapete, il senso comune vuole scienza e creatività irrimediabilmente separate, figurarsi poi scienza e spiritualità. Ma negli ultimi anni tra noi scienziati delle piante, quando ci ritroviamo alla pausa di qualche serio convegno, ci ripetiamo che siamo arrivati al tempo in cui finalmente gli scienziati parlano come sciamani e gli sciamani come scienziati.

«Sono decenni che noi ci affanniamo a dimostrare scientificamente cose che per gli sciamani sono realtà da millenni. Abbiamo dovuto replicare l'esperimento di Pavlov con il cane e la campanella, con una pianta e la luce blu, per dimostrare che le piante prendono decisioni sulla base della loro immaginazione, che sanno prevedere, che hanno memoria, che producono suoni. Cosa, quest'ultima, che è presente in ogni leggenda che si rispetti.

«Quindi ancora una volta io non mi stupisco. E se volete una risposta più precisa, io sono certa che la nostra missione sia di rafforzare la rete delle foreste, ci sto provando da sempre e se siete arrivate qui è perché dobbiamo farlo insieme. Quello che ora però vorrei capire è come la foresta vuole essere aiutata oggi. E pare che abbia deciso di dirlo a voi.

«Quindi direi che abbiamo bisogno alla svelta di trovare un vecchio albero da abbracciare insieme.»

«Wow! Grazie. C'è solo un problema.» Ris sarebbe stata pronta a partire all'istante, ma la sua coscienza non glielo permetteva.

«?»

«Noi non possiamo, davvero adesso non possiamo, sparire in un bosco senza dirlo ai nostri genitori, un'altra volta.»

«Ci mancherebbe altro! Non mi sembra un grande problema. Sapete, scegliere di fare la scienziata ha i suoi vantaggi. Cosa ne dite se proponessi ai vostri genitori di lasciarvi venire con me sabato prossimo in gita nel bosco di Risoux per un nuovissimo progetto di promozione della scienza che mi sto inventando adesso?»

48

Quel sabato mattina le ragazze erano in piedi all'alba. Era l'ultima giornata che avrebbero passato insieme, il giorno dopo i genitori di Derb sarebbero venuti a riprenderle e avrebbero accompagnato Edme da Léo. Non c'era quindi modo migliore per farlo che andare nella foresta accompagnate da una superscienziata. In realtà avrebbero voluto andarci anche prima di incontrare Monica, ma dopo ciò che era successo il weekend precedente e con Léo ancora in ospedale, non avevano osato chiederlo, né tantomeno andarci di nascosto.

Monica però aveva parlato con Marie-Hélène quando era venuta a prenderle all'UniL. Così non si era posto nessun problema e ora si trovavano felici e contente sul sedile della vecchia macchina dei Durand con Ben al posto di guida.

Erano fortunate, la pioggia stava flagellando mezza Europa, ma lì nei giorni scorsi un forte vento aveva respinto tutte le nubi.

In meno di mezz'ora si erano lasciati alle spalle il lago, la pianura e la strada tra i campi stava proseguendo dritta verso nord, le montagne dello Jura e la foresta che segnava una frontiera naturale con la

Francia. Da secoli era conosciuta per il suo legno di risonanza ricercato dai liutai del mondo intero per costruire i loro strumenti. Nella Seconda guerra mondiale invece aveva raccolto altri suoni, quelli della Resistenza e dei fuggitivi che approfittarono della protezione dei suoi duemila ettari di alberi giganteschi attraversati da poche strade. Oggi con il sole che si rifletteva sul lago della Vallée de Joux i grandi abeti sembravano godersi allegramente la bella stagione, come i gitanti che tutt'intorno correvano, pedalavano, remavano, andavano a vela.

«Ehi, carine lì dietro, non è che perché sabato scorso mi sono perso il meglio dell'azione adesso voi me ne combinate un'altra, eh?! Cioè, diciamo che come action movie mi è bastato sentire al giornale radio *bambino disperso nella foresta di Derborence*, e arrivare in tempo per vedervi accanto all'elicottero. Cioè, ammetto che è stata piuttosto fica come scena, ma credo che dovremmo lasciare le mamme tranquille per un po'. Poi magari fra qualche mese vi porto con me a provare il parapendio!»

«Davvero?» chiese Ris speranzosa. Sapeva che suo fratello da quando era maggiorenne aveva provato il parapendio senza dirlo alla mamma, non vedeva come però avrebbe potuto portare anche lei.

«See, nanetta, ne devi mangiare di pappa prima di poter volare con me! Non troppa però, che se pesi troppo è un casino. Allora dov'è che avete appuntamento con questa nerd delle piante? Io non ho tanto tempo, oggi mi tocca il turno sulla vigilanza incendi, noi del servizio civile abbiamo delle responsabilità e lavori veri, non andiamo mica a contare gli aghi di pino con le vecchie prof.»

«Mmm, mmm, see, see, comunque la vecchia prof è quella là che sta legando la bici» rispose Ris.

La vista di Monica vestita da ciclista con la treccia nera che usciva dal casco e scendeva fino in fondo alla schiena mise a tacere Ben, che si rese conto delle stupidaggini appena dette e si affrettò ad accostare per far scendere le ragazze, assumendo poi un tono serio e maturo.

«Salve, buongiorno, io sono Benjamin, il fratello di Ris. Allora va bene se vengo a prenderle qui verso le 16? Loro hanno un picnic e il tempo dovrebbe essere sempre bello. Per lei va bene passare tutto questo tempo nel bosco? Mi scusi se glielo dico ma queste quattro si sono appena cacciate in un guaio la settimana scorsa, qui siamo vicini al confine con la Francia, bisogna che ci badi lei.»

«Non chiedo di meglio, vada tranquillo. Ci vediamo qui alle 16» lo rassicurò Monica con tono deciso e un filo sbrigativo.

Appena fu ripartito, le quattro amiche si affollarono intorno a Monica e alla sua bicicletta.

«Wow, è venuta in bici fin qui dall'università? Quanto ci ha messo?»

«No, no, per quanto io passi molto tempo in laboratorio, non ci abito ancora. Quando sono venuta per la prima volta qui, avevo una borsa di studio che non mi permetteva di pagare un alloggio in città, allora ho cercato casa fuori. Era marzo e sono capitata in un paese dove c'era la più grande fioritura di giunchiglie che avessi mai visto. Era una riserva naturale vicino a un'area di sviluppo industriale. Ho pensato che avrei fatto bene a montare la guardia per proteggere la riserva. Così ho scelto di prendere la residenza in quel paese, ho trovato un piccolo appartamento al piano terra con un pezzetto di giardino e non son più riuscita a venire via. Sono partita da casa stamattina presto e ci ho messo tre ore ad arrivare. Nel fine settimana, se non piove cerco sempre di uscire in bici. Facciamo però che da ora ci diamo del tu, visto che stiamo diventando compagne d'avventura?»

Le ragazze sorrisero doppiamente all'idea dell'avventura e che Monica ne facesse parte con loro. Lei intanto si cambiò le scarpe e indossò una felpa, staccò la borsa dalla bici e se la mise sulle spalle.

«Allora, pronte?»

«Prontissime!»

«Bene, avete un piano? Perché io ho parecchia esperienza di osservazione dei boschi, ma stavolta siete voi a guidare. Come sono andate le cose le altre volte? Avete fatto qualcosa di speciale per sentire gli alberi?»

«Be', boh, non sappiamo. Insieme ci è successo solo due volte. Comunque abbiamo cercato un albero vecchio, verso il centro della foresta, lontano dai rumori. Lo abbiamo abbracciato e ci siamo messe in ascolto. E poi abbiamo sentito e visto la foresta, ma siamo sempre state interrotte da qualcosa, non sappiamo cosa sarebbe successo se fossimo rimaste in ascolto.»

«Bene, direi che come piano ci basta. Andare al centro della foresta, lasciare il sentiero e i rumori. E avere diverse ore senza interruzioni. Prima di tutto però dobbiamo fare una cosa.»

«Cosa?»

«Cosa avete fatto voi per prepararvi all'esplorazione?»

«... niente? Ci siamo fidate della foresta.»

«Benissimo, bello fidarsi della natura, però io ho promesso a quel precisino di tuo fratello che vi avrei riportate in un posto preciso a un'ora precisa. Quindi abbiamo bisogno di un po' di pianificazione. Prima cosa: verifichiamo la nostra posizione.»

«Sul telefono?»

«Per ora il telefono va benissimo, ma entrando nella foresta potremmo perdere il segnale. Quindi ora prendiamo le coordinate e le scriviamo su questa mappa» disse Monica tirando fuori dal suo zaino una cartina e un astuccio nero. «Dopodiché come facciamo a verificare la nostra posizione senza telefono?»

«Con la bussola? Io ce l'avrei anche, ma non ho proprio pensato di prenderla.»

«Esatto, Ris, la bussola. Solo che delle esploratrici non dovrebbero mai lasciarla a casa. Anche se sono certa che voi nella foresta avrete altri modi per orientarvi. D'ora in poi promettetemi di portarla sempre con voi quando andate in un bosco. I telefoni si scaricano, le bussole no. Quindi ora noi inizieremo la nostra avventura, ma ogni mezz'ora circa controlleremo la posizione e la segneremo sulla carta, in modo da poter tornare sui nostri passi. Intese? Siamo pronte?»

Le ragazze risposero chi con un gran sorriso, chi annuendo, erano più che pronte, era tutto ciò che stavano aspettando.

49

I tronchi delle conifere si ergevano per chilometri dritti e paralleli l'uno dopo l'altro, alti diverse decine di metri, facendo sentire minuscole le cinque donne che camminavano in fila da almeno un'ora. Le chiome erano così fitte che la luce del sole non toccava il suolo. Il sottobosco per questo era rado e non ostacolava il cammino.

Si erano lasciate alle spalle numerosi sentieri della fitta rete che attraversava la prima parte del bosco. Non erano in gita turistica, non cercavano percorsi didattici e soprattutto non volevano incontrare turisti in bici o in cerca di uno dei rifugi in cui poter fare un barbecue.

Loro volevano raggiungere il cuore della foresta, ma non sapevano dove fosse.

Incontrarono un grande masso e Monica fece segno di fermarsi.

«Bene, ottimo posto per fare una prima pausa e annotare la nostra posizione. Lo sapete cos'è questo?» chiese indicando il sasso su cui si era appena seduta.

«Un sasso?» rispose Derb.

«Be', questo è indubbio. Ma avete mai sentito parlare di massi erratici, o *blocs erratiques*?»

«Dovremmo?»

«Mah, credo che a scuola vi insegnino poco la geografia fisica» proseguì Monica, mentre prendeva mappa e bussola dallo zaino, «i massi erratici sono esattamente questo che vedete, dei grandi pezzi di roccia, di cui probabilmente la maggior parte è invisibile sottoterra, che per secoli hanno rappresentato un rebus per i geologi. La loro composizione non corrisponde a quella delle rocce e del terreno vicino e nessuno riusciva a spiegarsi come fossero arrivati dove sono. Se ne trovano a nord e a sud delle Alpi anche in Italia. Come spesso succede quando gli uomini non trovano spiegazioni logiche, stabiliscono che si tratti di opera del demonio. Quindi questi innocui sassoni sono stati ritenuti luogo di ritrovo delle streghe, che come spero sappiate erano donne intelligenti, desiderose di studiare e conoscitrici della natura, un po' come noi, e per questo vennero bruciate vive.»

Un brivido percorse le ragazze che ascoltavano rapite ogni racconto di Monica. Fing, che era particolarmente interessata, chiese: «E i massi? Da dove vengono?».

«Be', niente di magico purtroppo, a meno che voi non concordiate con me che la natura è magica. Agli inizi dell'Ottocento, vari scienziati in luoghi diversi delle Alpi si interrogarono sulla loro origine, e nel 1837, in un incontro dell'Accademia Svizzera di Scienze Naturali, venne proposta la spiegazione: si trattava di residui rocciosi risalenti all'epoca glaciale, che si erano spostati insieme ai ghiacciai, per poi rimanere dove sono al loro scioglimento.

«Dovete sapere che a quell'epoca la maggior parte delle persone, anche fra gli scienziati, faceva fatica ad accettare l'idea che i sistemi terrestri fossero da sempre in movimento. La scoperta dei massi erratici era quindi di grande importanza scientifica e la Svizzera fu tra i primi paesi alpini a farne un inventario e una legge per la loro protezione.»

«Proteggere un sasso? E da cosa?»

«Dagli umani. La pietra è una materia molto ricercata per le costruzioni, abbiamo distrutto montagne intere. Il costo di trasporto incide moltissimo su quello finale e più sono grandi i pezzi più valgono. Immaginate quindi che comodità trovarsi un bel blocco di roccia appoggiato giù in pianura, magari vicino a una strada. Se non fossero protetti non avremmo più traccia del fatto che qui una volta era tutto ghiaccio.»

«Sono un po' come una lapide dei ghiacciai.»

«Esatto. E quello che noi cerchiamo di fare qui oggi è evitare che un giorno ci debba essere una lapide per le foreste. E ora, mie compagne streghette, dove vogliamo andare?»

«Posso chiedere una cosa?» disse Fing.

«Ma certo, se posso risponderti.»

«Quando eravamo nel suo studio, cioè nel tuo, hai parlato dell'esperimento di Pavlov e del germoglio che si è immaginato la cena e ha orientato il proprio comportamento. Ecco, tu ci credi? È vero che pensano, e che ci parlano, non siamo noi che siamo strane...» sospirò Fing.

«Be', noi un po' strane siamo di certo, ma è uno strano bello perché ci ha fatte incontrare. Però che dubbi ti fai? Non avrai mica pensato che siamo matte?» intervenne Ris prima che Monica potesse rispondere.

«Mmm, voi no, ma...»

«Ma?!»

«Io ho questi capelli, e poi faccio tutti quei sogni...»

«GAIA FING GIRAUD, non diciamo stupidaggini, tu non sei strana e non sei matta, non più di noi, almeno! E se qualcuno ti ha fatto pensare il contrario, poveretto lui, che non si accorge di come sta andando il mondo, che il pianeta ha bisogno che si faccia qualcosa, e che forse noi saremo le uniche a sapere cosa!» tuonò Ris, mentre Monica le guardava non sapendo bene se aveva diritto di intervenire; un conto era parlare di scienza, ma entrare in cose così personali con delle adolescenti che conosceva da poco... non voleva certo far danni.

«Bene, e dopo questo momento Avengers, direi che è il caso di darci una mossa» disse Derb risoluta «allora se ripensiamo alle altre foreste con cui siamo riuscite a metterci in contatto, non avevamo fatto particolari ricerche se non un albero più vecchio degli altri, cosa vogliamo fare qui? Chiudiamo gli occhi e ne scegliamo uno?»

«Qui mi sembra ancora un po' troppo vicino ai sentieri, i turisti ci disturbano. Ris, non c'è un posto più nascosto? È il tuo bosco, dov'è che lo hai sentito?»

«Credo che dovremmo andare ancora un po' avanti, ma quando ero piccola era tutto più facile. O forse perché non cercavo di capire nessun messaggio, sentivo il bosco che cantava e basta. Camminiamo ancora un po' in silenzio e io cerco di sentire qualcosa? Ma voi aiutatemi, non mi fate fare la strana da sola» rispose Ris facendo l'occhiolino a Fing, che le restituì un sorriso timido.

Camminarono un'altra mezz'ora, quando la foresta cominciò a diradare, il terreno a essere più ripido, il sottobosco a intralciare il loro cammino. Incontrarono due rifugi, minuscole casette in legno aperte ai viandanti bisognosi di riparo. Se le lasciarono alle spalle. Superarono una radura e si rituffarono sotto gli alberi. Ogni tanto si fermavano e si guardavano intorno alla ricerca dell'albero perfetto. Le altre volte non si erano poste questi problemi, ma oggi avevano un'ospite speciale, non potevano sbagliare, troppe cose dipendevano dal fatto che Monica avesse creduto loro. Continuarono un po' a caso, finché incontrarono un muretto di sassi, non era alto ma correva a perdita d'occhio alla loro destra e alla loro sinistra. Monica le fermò.

«Ok, ragazze, più in là non vi posso lasciare andare. Questa è la frontiera francese.»

«Urca.»

«Già. Che si fa?» chiese Edme.

«Si torna indietro, e si prova con il primo albero che ci sta simpatico. È vero che questa è una foresta molto trafficata, ma già che siamo qui, tanto vale tentare.»

«E se il nostro albero perfetto fosse di là da questo muro? Cosa ne sanno le foreste delle nostre frontiere?!» chiese Ris.

«Mi spiace, proprio non posso. Per quanto io vi sostenga e stia morendo di curiosità per le vostre potenziali rivelazioni, vi ho seguite fin qui, ma ora vi riporto indietro. Senza problemi, ragazze, abbiamo passato una bella giornata, sono sicura che potrete diventare delle ottime ricercatrici. Adesso però è ora di tornare, o faremo tardi all'appuntamento con vostro fratello.»

Il tono di Monica non ammetteva repliche e le quattro amiche ne furono gelate.

Avevano camminato fin lì alla ricerca del luogo perfetto dove far vedere alla persona più importante che conoscessero quello che avevano visto loro e ora rischiavano di lasciarsi scappare l'occasione, e perdere per sempre credibilità. Fu Edme a rompere il ghiaccio: «Mia nonna dice: "il meglio è nemico del bene". Amiche, scegliamo un albero, proviamo».

Ris, che più di tutte aveva sperato in questa giornata, capì che doveva reagire in fretta. Si guardò intorno, un ricordo la sfiorò.

«Là, ragazze, in quel prato che abbiamo passato, c'era una quercia, io me la ricordo, da piccola, con mio padre, mi ci sono arrampicata, ci ho parlato» e si mise a correre a rompicollo giù per il bosco, seguita dalle altre che faticavano a tenerle dietro.

50

Arrivarono al grande albero senza fiato.

Era maestosa, una quercia che grazie alla buona esposizione del pendio e alla protezione dal freddo delle montagne a nord era cresciuta al limite dell'areale tipico della specie che di solito si fermava ai milleduecento metri. Se ne stava in quel prato al bordo della foresta di conifere da almeno tre secoli ed era cresciuta fino alla ragguardevole circonferenza di più di sette metri. Una grande madre della foresta.

Nessuna delle sue ospiti parlò. La salutarono con sguardi ammirati e si misero in posizione sotto gli occhi curiosi di Monica.

Abbracciarono il tronco, si diedero la mano, Ris a Edme e Fing, che la dava a Derb chiudendo il cerchio. Quattro punti cardinali. Fecero un grande respiro per calmare i battiti dei loro cuori, si scambiarono un ultimo sguardo d'intesa, poi chiusero gli occhi e appoggiarono le orecchie alla corteccia.

Ah, eccovi.

Sentivo che svolazzavate calpestando le radici da quando il sole era alto.

Vi aspettavamo.
È ora.
Vi abbiamo chiamate da quando eravate dei semini.
Abbiamo aspettato che metteste corteccia.
Ma non avete più tanto tempo.
La vostra specie ha sbagliato direzione.
E fra poco non potremo nulla
per salvarli.
Noi sopravvivremo.
Lo facciamo da prima dei grandi ghiacci.
Possiamo ritirarci
nelle radici
nei semi.
Siamo pronte.
Alcune di noi sono stanche
Di resistere
per far respirare voi umani.
Senza la nostra rete
noi fatichiamo
voi soffocate.
Contiamo su di voi
per rammendare la rete.

Ris stava cominciando ad agitarsi, per la prima volta la lentezza del discorso arboreo la innervosiva. Lei voleva capire come agire. Perché loro? Cosa dovevano fare? Va bene rammendare la rete, ma come? Loro quattro non potevano certo mettersi a piantare alberi da sole. Possibile non riuscissero a ottenere un'informazione comprensibile?

Poi in un secondo sentì cosa doveva fare. Era chiaro,

l'aveva portata lei fin lì. Lasciò la mano di Fing e la allungò verso Monica, che era rimasta in disparte in attesa. Quando vide la mano tesa verso di lei, sentì che quell'unico passo avrebbe cambiato per sempre la sua vita di ricercatrice e forse non solo.

Quando il cerchio si richiuse, tra le loro dieci mani passò un flusso di energia che le fece sussultare. Si aggrapparono al tronco ancora più forte.

Questa volta non erano mani che carezzavano, orecchie in ascolto.

Le loro mani e i loro piedi erano uniti al grande essere, sentivano che sarebbero crollate se lo avessero lasciato. Sentivano di essere insieme, loro cinque, e la foresta. La corrente dalle mani scese ai piedi e risalì dalla terra, dalle radici, le avvolse tutte e allora videro.

Un flusso di immagini le investì. Era passato, era futuro, non lo sapevano. Videro acqua, ghiaccio, fuoco, vento. Videro la rete verde ricoprire tutto il pianeta. La videro scomparire sotto il ghiaccio e rinascere. Videro avanzare il deserto. E la videro rispuntare dalle radici.

Poi videro un enorme nido, fatto di rami e foglie. Pieno di semi, germogli, funghi e radici.

E da questo ogni volta la foresta rinasceva.

Senza umani.

Infine videro loro quattro, erano lì intorno alla quercia, ma erano anche intorno al nido. Lo abbracciavano, lo proteggevano. Poi lui proteggeva loro, si faceva rifugio.

E le immagini finirono al suono del telefono di Edme.

«È tuo fratello» disse passandolo a Ris.

«DOVE DIAVOLO SIETE?! Anzi non mi rispondere, venite subito qui! E ringrazia che la tua amica ha il telefono e che c'è campo, altrimenti la prossima chiamata sarebbe stata alla polizia e quella dopo alla mamma. E visto lo scherzetto di sabato scorso, fossi in te temerei di più la seconda telefonata!»

«Scusa. Hai ragione. Siamo in ritardo. Per favore, puoi aspettarci mezz'ora? Stiamo scendendo ma ci abbiamo messo più del previsto.»

L'inconsueta remissività della sorella lasciò Ben senza parole e le cinque avventuriere poterono avviarsi di buon passo verso il parcheggio. Evitando di parlare per conservare il fiato.

Quando furono in vista delle auto, Monica le fermò.

«Ragazze, grazie. Quello che mi avete fatto vivere oggi è incredibile e io avrò bisogno di qualche giorno per rielaborarlo. Credo che siamo state chiamate ad agire, che dobbiamo definire un piano.» Quest'ultima frase strappò un sorriso di trionfo a Ris. Nessuno avrebbe più messo in dubbio che avevano una missione, adesso. «Voglio dirvi che io ci sono. Ammetto che oggi per qualche momento ho dubitato di voi, ma la maggior parte delle persone là fuori lo farà, se andiamo dicendo che la foresta ci ha parlato. Quindi io vi proporrei per ora di non dire nulla a nessuno e prenderci qualche giorno, un paio, per capire il possibile senso di quello che abbiamo visto. Cioè, il senso mi sembra chiaro, ma non ho capito bene cosa dobbiamo fare, anche se ho delle ipotesi che vorrei verificare. Voglio aiutarvi. Possiamo darci un appuntamento, anche in video, mercoledì?

«Io raduno le mie idee e voi provate a ricordare ogni immagine, sogno, visione che possa esserci utile?»

«Contaci!» rispose Ris per tutte mentre si affrettavano a raggiungere l'auto e a salirci prima che Ben potesse protestare.

51

Le ore seguenti videro le ragazze in febbrile attività.

Durante il ritorno in auto non avevano spiccicato parola, un po' per la presenza di Ben. Un po' perché l'intensità di ciò che avevano vissuto attorno alla quercia faticava a trovare quelle giuste per essere descritto.

Si erano tenute le mani, come se mantenere il contatto fisico tra loro potesse conservare le immagini e l'energia della foresta.

Arrivate a casa, Marie-Hélène aveva notato qualcosa, ma l'aveva attribuito alla malinconia dell'ultima sera di vacanza. Durante la cena aveva cercato di consolarle: «Coraggio, ragazze, vi rivedrete presto, ormai l'estate non è lontana. E a maggio abbiamo un sacco di weekend lunghi, magari Edme potrà tornare. Potremo passare delle belle giornate al lago, magari potremo fare una gita in barca...».

La interruppe Luca: «Ma', io non farei promesse che non puoi mantenere. Il telegiornale stasera era veramente pessimista sull'estate. Le piogge al Nord non stanno smettendo da settimane e anche se qui ci sembra strano perché abbiamo ancora il sole, il livello dei fiumi in Germania ci riguarda direttamente. Tutta quell'acqua scaricherà qui da noi, dal cielo o da terra».

«Santo Cielo, Luca, non spaventare le ragazze!» rispose la mamma, interrotta quasi subito da Benjamin. «Lascia fare, Ma', che a queste quattro un po' di spavento male non fa. Almeno la smettono di giocare alle fatine della foresta senza pensare ai rischi che corrono...» e con questo lanciò un'occhiata a sua sorella che diceva: *Stavolta sono io a poterti ricattare, potrei dire tutto alla mamma.*

Per una volta Ris non raccolse la provocazione, aveva fretta di andare in camera con le sue amiche. Avevano un piano da inventare. Appena chiusa la porta alle loro spalle, tutte le parole che prima non trovavano sgorgarono come una cascata: «Avete visto?! L'ha detto anche Monica che abbiamo una missione!».

«Io devo assolutamente parlare con mio fratello! Sono sicura che lui mi ha nominato un nido.»

«Forse anche io dovrei parlare con il mio, sapere dove ha ritrovato Léo. Cosa ha visto.»

«Noi insieme, intorno alla quercia, abbiamo comunicato come una foresta... io vi ho sentite, eravamo noi quattro, ma eravamo anche una cosa sola...» disse Fing riportando l'attenzione di tutte sull'enormità di ciò che avevano appena vissuto.

La guardarono un secondo in silenzio, poi presero le mani che lei stava tendendo e riformarono il loro cerchio.

«Mi dispiace se ho detto quelle cose, io per tanto tempo ho avuto dei dubbi, delle paure. Ho pensato che mia mamma non mi dicesse nulla di mio padre perché era un matto pericoloso e non voleva che io diventassi come lui. Sapevo di essere strana, diversa dagli altri, e l'ho sempre vissuta come una cosa brutta. Oggi invece nella foresta, voi mi avete fatta sentire davvero speciale.»

«Ehi, ma tu sei speciale! Noi quattro insieme siamo specialissime. Non ti permettere mai più di pensare il contrario. Noi, insieme, siamo come delle supereroine, siamo come...»

«Una foresta?»

«Una foresta!»

«Esatto, ma noi non abbiamo un sacco di poteri speciali che hanno le foreste, viviamo pochissimo, non sappiamo trasformare la luce in cibo, né l'anidride carbonica in ossigeno, però se le foreste ci hanno chiamato in aiuto, ci sarà qualcosa che sappiamo fare meglio? Secondo me dobbiamo partire dai nostri vantaggi per capire come possiamo aiutare le foreste.»

«Aspetta un attimo, io sono d'accordo che c'è qualcosa che possiamo fare. Ma siamo sicure che sia per aiutare le foreste?»

«In che senso?» chiese Edme.

«Cioè, più le conosciamo, più le foreste mi sembrano immense, potentissime. Sono sulla Terra da milioni di anni. Hanno cambiato l'atmosfera e l'hanno resa abitabile per noi mammiferi. Sono capaci di imparare, di vivere in comunità sostenendosi, di rinascere dalle proprie radici. Alla fine siamo noi che senza foreste non sopravvivremmo un minuto» continuò Derb.

«Scusa, ma allora perché ci avrebbero chiamate in aiuto?» chiese Ris.

«Quello che vuol dire Derb, forse, è che le foreste stanno cercando di salvare noi, non il contrario» concluse Fing.

La frase fu seguita da un momento di silenzio in cui la serietà di quell'ipotesi si faceva strada dentro di loro. Al solito fu Ris a ritrovare la parola: «Scusate, ma siamo tutte d'accordo che la più grave minaccia per le foreste siamo noi umani?».

«Esatto.»

«Quindi dire che le foreste cercano di salvarci è come dire che...»

«Cercano di salvarci da noi stessi.»

«Wow. Altro che Avengers.»

«Già. Ma se ci pensiamo, dal punto di vista forestale, ha senso. Cioè, noi umani stiamo distruggendo in ogni modo le foreste. Le abbattiamo, avveleniamo l'acqua, l'aria. Aumentiamo la temperatura. Gli alberi fanno sempre più fatica. Sono separati gli uni dagli altri, che da quanto abbiamo visto, è un po' come se a noi tagliassero telefono, internet e tv. Non riescono più ad aiutarsi, a mandarsi tutti quei messaggi forestali che hanno permesso loro di sopravvivere anche alle glaciazioni e adattarsi. Che ne so, messaggi sul cambio delle stagioni o sull'arrivo di un nuovo parassita e magari anche l'antidoto. Noi abbiamo incasinato tutto, anche le rotte degli uccelli migratori.»

«Bel disastro.»

«Infatti. Soprattutto perché i primi a morire senza ossigeno siamo noi.»

«Vuoi dire che...»

«Senza alberi gli umani morirebbero molto rapidamente e le foreste...»

«Potrebbero rinascere dalle radici e dai semi! Wow, Derb, molto distopica come spiegazione, ma cavolo se ha senso.»

«Scusate, ma allora perché? Perché ci hanno chiamate?» chiese Edme.

«Perché ci vogliono bene» rispose Fing «magari non sono tutte d'accordo. Magari anche nel mondo forestale c'è dibattito. Di sicuro la loro velocità di decisione è diversa dalla nostra, potrebbero aver già deciso, ma non essere pronte ad agire. Oppure questo piano è scritto in tutti i loro Dna, sanno cosa fare, ma qualcuna non vuole. Qualche foresta si ricorda di quando gli umani vivevano con loro senza far danni. E ha deciso di darci una possibilità.»

«Cioè tipo le nostre quattro foreste che si sono fatte sentire da noi?»

«E magari ce ne sono delle altre.»

«Oppure anche questo è nel loro Dna e tutte le foreste provano a parlare con gli umani, ma...»

«Ma solo noi le abbiamo sentite.»

«Perché siamo speciali!»

«Esatto! Però se le cose stanno veramente così, il nostro piano non è più tanto importante. Cioè, non è che noi possiamo fare qualcosa davvero per salvare le foreste» dubitò per la prima volta Ris.

«Be', forse no, però possiamo di sicuro fare qualcosa per dimostrare che siamo loro alleate. Possiamo renderci utili dal loro punto di vista. E poi se davvero altre foreste provano a comunicare con gli umani, forse ci sono altre ragazze come noi che le sentono» rispose Derb.

«Magari anche qualche ragazzo. Léo sente gli alberi,

magari anche Constantin visto che è tuo gemello, solo che non si è allenato. Poi avete detto che forse c'è quella ragazza in Inghilterra. O magari possono imparare, tipo le lingue che se le impari da piccolo è più facile» aggiunse Edme.

«E quindi si potrebbe ricostruire un'alleanza tra gli umani e le foreste» ipotizzò Fing.

«Ma certo! È questa la rete che dobbiamo ricostruire! Insegnare agli umani ad ascoltare le foreste. Cioè, prima di tutto bisognerà rammendare le foreste, aiutarle a riconnettersi tra loro, a tornare forti, meritarci di nuovo la loro fiducia. Intanto però dobbiamo perfezionare la nostra comunicazione con loro e cominciare a insegnare come si fa a qualche persona intelligente. Tipo Monica.»

«Tipo Léo. Che già lo fa e domani mi dirà bene cosa ha sentito.»

«Ok, ragazze, da dove si comincia, che qui mi sembra abbiamo messo in fila un sacco di *magari*?»

«Be', Ris, cosa ne dici se per un paio di giorni non diciamo nulla, come ci ha chiesto Monica? Domani dobbiamo tornare ciascuna a casa propria, ma forse non è male. Ci dormiamo su, Edme parla con Léo, io con Costi facendo la vaga, magari Fing si fa uno dei suoi bei sogni che spiegano tutto. Ci sentiamo tutti i giorni e mettiamo ordine nelle nostre idee prima di mercoledì. Poi testiamo la nostra teoria con Monica e cerchiamo di capire da che parte cominciare. Di sicuro lei avrà un'idea su come renderci utili alle foreste.»

«Ok, sapete che portare pazienza mi costa fatica, però mentre voi tornate a casa, potrei incaricarmi di scrivere tutto quello che ci siamo appena dette. Tipo una mappa del nostro piano con le puntine e i fili colorati. Nei film il protagonista ha sempre un'illuminazione guardando tutti i collegamenti tra i diversi elementi.»

«Ottimo, tu fai la mappa, noi interroghiamo i fratelli.»

Fuori un gran tuono fece tremare i vetri delle vecchie finestre.

52

Fing e Diane guardavano il panorama scorrere dietro il finestrino del treno.

Sopra di loro, da nord, si stavano accumulando incombenti nuvoloni neri, qualche goccia di pioggia già rigava il vetro. A sud, invece, dietro le montagne, si intravedeva ancora il sole.

Le cime aguzze sull'altra sponda, un giorno grigie, un giorno blu, oggi verdi, facevano da sfondo alle stagioni che sembravano scorrere sul lago in questo momento e alle parole di madre e figlia.

Diane aveva accettato volentieri all'andata il passaggio in macchina da Eva e Relu, ma li aveva avvisati che non sarebbero tornate con loro.

Voleva passare qualche ora da sola con sua figlia prima di rientrare, anche a costo di prendersi un bell'acquazzone.

Dopo tutto quello che era successo, Fing non era più tornata a casa e la lettera giaceva ancora sulla sua scrivania, anche se i fatti l'avevano superata.

Si guardarono un secondo negli occhi, poi all'unisono dissero entrambe: «Devo dirti una cosa...» e scoppiarono a ridere.

«Prima tu» rispose la madre.

«No, no, prima tu» rispose la figlia, e si ritrovarono al punto di partenza. Passò di nuovo qualche secondo. Poi Fing sparò: «Tanto lo so cosa mi vuoi dire, e... va bene!».

«Come, scusa?»

«Mi vuoi dire che ti piace Bruno, l'ho capito, e mi sta bene, mamma.

«Anzi, non penso proprio che tu abbia bisogno di dirmelo. Non è che hai bisogno del mio permesso. Però visto che ci tieni, te lo dico: mi sembra più che giusto che tu esca con qualcuno, che ti faccia una vita. Ormai io sono grande e ho le mie amiche. E poi magari un giorno, il nonno... Ecco, insomma, mi fa piacere sapere che tu non sei sola.»

Diane non credeva di aver sentito mai pronunciare a sua figlia tante parole di seguito nei suoi quattordici anni di vita. Soprattutto non avrebbe mai creduto di sentir pronunciare quelle parole. La guardò tra il divertito e il commosso. Poi rispose sorridendo: «Be', non era esattamente quello che pensavo di dirti, ma grazie. Sì, è vero, Bruno mi piace molto e forse potrebbe piacere anche a te. Avete tante cose in comune, prima di tutto le foreste. Se le cose tra me e lui continueranno come negli ultimi giorni» e un lieve rossore si diffuse sulle guance di Diane «e se tu ne avrai voglia, fra un po' magari potreste conoscervi meglio».

«Be', mamma, non farla tanto lunga, bisogna che ti sbrighi, perché a me piacerebbe un fratellino!»

Questa poi lasciò veramente di stucco Diane, che stavolta arrossì decisamente. Davvero non riconosceva sua figlia. Al bar lo dicevano tutti che gli adolescenti sono irriconoscibili, ma chi le aveva scambiato la sua bambina timida con questa ragazza sfacciata?! Si affrettò a cambiare discorso: «Non mi hai ancora detto cosa volevi dirmi tu». Fing si fece seria. E si prese il tempo di formulare e aggiornare la domanda che le girava in testa da che ne aveva memoria.

«Mamma, ho pensato per talmente tanto tempo a questa cosa, che ora non so neanche come dirtela. E non vorrei che tu pensassi che è grave o che sono arrabbiata con te, perché in effetti mi è già un po' passata...» fece una pausa e lo sguardo attento di sua madre la invitò a continuare.

«Il fatto è che per un sacco ho creduto di essere strana, be', i miei capelli non aiutano, ma forse avrei potuto chiederti di tingerli.» Un'espressione d'orrore si dipinse sul volto della mamma, non sapendo neanche se a inorridirla era l'idea di tingere i capelli di una bambina o il pensiero che avrebbe dovuto cogliere il suo disagio e proporlo lei.

«Non ti preoccupare, forse se me lo avessi chiesto tu, avrei pensato che ti vergognavi di me e sarei stata peggio» la anticipò sua figlia leggendole nel pensiero. Poi proseguì: «Non credo che i capelli fossero il peggio, io non mi sentivo bene con le persone. E pensavo fosse colpa mia. Pensavo anche» e qui lo sforzo nel parlare si fece evidente sul viso della ragazzina «che tu non mi parlassi di mio padre perché era una specie di pazzo pericoloso e che avessi paura che io fossi come lui». Gli occhi di Diane si velarono di lacrime, avrebbe voluto stringere sua figlia tra le braccia, ma capiva di non dover interrompere la solennità del momento. Fing aveva scelto di parlarle, e lei avrebbe ascoltato ogni parola, per quanto doloroso potesse essere. Anche la voce della ragazza era bagnata dalle lacrime trattenute: «Mamma, adesso va bene, davvero. Io ho delle amiche, e noi insieme siamo speciali, cioè siamo anche strane, ma lo siamo insieme. E ci sta succedendo una cosa incredibile. E io vorrei parlartene, ma ho paura che tu davvero mi prenda per matta».

«Amore mio, tu non sei matta, e io non l'ho mai pensato neanche per un secondo. E se vorrai parlarmi delle tue amiche sarò felice di ascoltarti. Ma se non ne avrai voglia per un qualsiasi motivo, andrà bene lo stesso. Alla tua età è normale aver voglia di tenere qualcosa per sé. E io di te mi fido» e a questo punto l'abbraccio trattenuto divenne inevitabile.

Mentre ridevano e piangevano una nell'orecchio dell'altra, Diane, sdrammatizzando, ci tenne a precisare: «Ovviamente tra i segreti concessi non c'è quello di sparire nella foresta senza dire dove siete, è chiaro, vero?».

«Mmm, insomma. In realtà io volevo parlarti proprio di questo.»

«Vuoi sparire nella foresta?» chiese Diane fingendo di scherzare, mentre tutti i suoi livelli di allarme passavano in un istante da spenti a rosso pieno. Marie-Hélène l'aveva avvisata, il non detto è la cosa più pericolosa, fa più danni di una tremenda verità. E ora le toccava riparare alla svelta. L'unico modo che le venne in mente fu dare voce alla peggiore delle sue paure: «L'hai sognato, vero? Hai sognato tuo padre?».

53

Ris era così intenta a far passare i fili colorati intorno alle puntine che aveva appeso al muro che non sentì suo fratello finché non lo ebbe alle spalle. Sussultò.

«Ehi, Ben, cosa vuoi? Cosa fai in camera mia?!»

«Veramente mi avrebbe mandato la mamma perché non ti ha vista scendere a tavola. Ma ora che vedo cosa stai facendo, forse le dico di prenderti un appuntamento con uno bravo, perché ti è partita la briglia completamente. In effetti, cosa stai facendo? Programmi un omicidio?»

«Sì, il tuo, se non ti levi subito di qui!»

«Attenta, sai che non ti conviene cercare di nascondere nulla al tuo amato fratellone! Non c'è come un segreto per stuzzicare la mia curiosità. E se voglio scoprire qualcosa di solito ci riesco. E naturalmente poi mi toccherà dirlo alla mamma...»

«Uffa! Sei insopportabile! Tanto adesso dobbiamo scendere a mangiare.»

«Tanto dopo cena torniamo qui e tu mi racconti cosa state combinando tu e le tue amiche, lo so benissimo che ci sono di mezzo loro e qualcosa nel bosco, lo dicono i tuoi biglietti... fammi un po' vedere... RETE... NIDO... PARASSITA...»

«Basta! Va bene, dopo ti racconto, ma tu giuri di non prendermi in giro?»

«Posso provarci.»

Nello stesso momento Derb e Edme stavano parlando con i rispettivi fratelli. Edme e Léo erano seduti sul letto di lui nella camera di ospedale, e mentre la mamma stava facendo i bagagli, loro conversavano con le mani, nel loro linguaggio segreto.

«Mi sei mancato!»

«Anche tu.»

«Mi racconti della notte nel bosco?»

«Il bosco mi ha abbracciato.»

«E tu lo hai sentito?»

«Mmm, mmm» annuì il bambino.

«E cosa ti ha detto?»

«Prima cose tipo: *Siamo della stessa razza io e te, fratellino.*»

«Tipo Mowgli? Sei sicuro? Non ti confondi con il libro?»

«No! La foresta mi ha chiamato fratellino!»

«Ok. Ti credo, non sai quanto. E poi, cosa ti ha detto? Non aveva una specie di messaggio?»

«Mi ha detto che sareste venute e che avreste capito.»

«Saremmo venute chi? Noi? Cosa ha detto?»

«Ha detto: *Gaia sta arrivando, Gaia sente.*»

«Ah, e poi?»

«E poi mi sono addormentato nel nido, poi è venuto Costi e parlava strano: *Du gut? Tut weh?* Non sa bene il tedesco. E mi ha preso in spalla e mi ha portato da te. Io però ero stato bravo, avevo coperto la cacca con le foglie e raccolto le mie cartacce nello zaino.»

«Tu sei stato bravissimo.»

«Ragazzi, andiamo. Piove, ma vostro padre vuole rientrare stasera per avere tempo di riposare domani. Ha preso un altro giorno libero, ma non può fare di più. Il viaggio sarà lungo, ma voi mi dovete promettere di dormire il più possibile. Dobbiamo proprio andare, c'è qualcuno che ci aspetta...»

«Quercia!»

Anche a casa Albu era in corso una conversazione sorella-fratello: «Allora, Costi, senza fare lo sbruffone, puoi per favore raccontarmi tutto quello che ti ricordi di come e dove hai trovato Léo?».

«Be', grazie al mio intuito superiore, la mia prestanza fisica, il mio sprezzo del pericolo...»

«Grazie, Capitan America, ho detto senza fare lo sbruffone. È importante e io non ho tanto tempo da perdere.»

«Ok, donna impegnata, cosa vuoi sapere?»

«Come hai fatto a capire dove cercarlo?»

«Be', avevo sentito i vostri discorsi sulla foresta e ho pensato che fosse una buona idea andare a dare un'occhiata.»

«Certo, volevi fare l'eroe, rischiando da solo di perderti anche tu. Ti è andata di fortuna. Questo io e te lo sappiamo. Ma come hai fatto a sapere in quale parte del bosco cercare?»

«Boh.»

«Constantin, dai per favore, lo vedo benissimo che, dietro quell'aria da duro che ti piace metterti da qualche anno, tu sei uno sensibile, che sente le cose. Guarda che è una cosa bella. A un sacco di ragazze piacerebbe un ragazzo che può capirle. E il giorno prima io ho sentito che mi stavi cercando, come quando eravamo piccoli, come quando volevi ancora comunicare con me.»

«Già, figo, quando provavamo a scambiarci i risultati dei test. Be', sì, ti avevo cercata ed ero concentrato a trovarti prima che dessero per disperse anche voi. E allora?»

«E allora non è che per caso hai sentito anche qualcos'altro nella foresta? Qualcosa che ti ha fatto capire dove trovare Léo?»

«Ah, ma sei ancora fissata con gli spiriti della foresta? No, non ho visto nessun folletto verde che mi ha guidato, mi spiace, ci saremmo fatti un selfie!»

«Uff, che stupido! Va bene. Prova almeno a ricordare dove hai trovato il bambino, se c'era qualcosa di particolare...»

«Boh, l'ho visto lì, era accucciato, si era costruito un riparo coi rami. Ora che ci penso era un coso piuttosto figo, come una specie di grande nido, rotondo, fatto di legni intrecciati.»

«E secondo te un bambino di cinque anni in una notte, da solo, si costruisce *un coso piuttosto figo di legni intrecciati*?! Per favore, adesso, usa bene il cervello e dimmi ancora due cose: ti ricordi se oltre a Léo c'era qualcosa dentro questo nido? E concentrati bene, ti ricordi se il bambino quando lo hai preso in braccio era asciutto o bagnato?»

«Mmm, direi che era quasi asciutto, al momento non ci ho fatto caso, ma ero contento di non averlo trovato morto di freddo. Ho immaginato che si dovesse essere riparato in mezzo a quelle pigne. Sì, c'erano un sacco di pigne intorno a lui, ho pensato le avesse raccolte per fare un fuoco o magari mangiare i pinoli...»

Dear Gaia,
sono molto contenta che tu sia la mia pen-friend.
Come avrai visto dalla mia scheda, io mi chiamo Heather e abito in una città che si chiama Nottingham ed è famosa per il suo castello e la leggenda di Robin Hood. A scuola mi piace soprattutto studiare le lingue e disegnare. Ma ho anche una passione un po' strana, per una ragazza della nostra età: io amo gli alberi. A nord della mia città esiste davvero la foresta di Sherwood, quella della leggenda, e io adoro passarci tutto il mio tempo libero. C'è una quercia antichissima, dicono che potrebbe avere mille anni, e io sono convinta di sentirla raccontare delle storie bellissime.
Ora penserai che sono un po' strana, ma ho visto che anche tu nella presentazione hai scritto che ti piacciono le foreste e ho pensato che forse puoi capirmi.
Spero davvero che potremo incontrarci. Intanto ti va se una volta ci chiamiamo in video?
A presto,
la tua pen-friend

Heather

54

Cinque schermi si collegarono divisi in quattro quadranti. Ris, Fing, Derb, Edme e Monica, ciascuna dalla propria stanza, stavano riesaminando eventi e informazioni degli ultimi giorni. Per rispetto, le ragazze avevano lasciato che fosse Monica a cominciare, anche se tutte stavano friggendo dall'impazienza di condividere le proprie scoperte.

«Allora, ragazze, cominciamo con un ragionamento che quasi tutti i miei colleghi considererebbero assurdo. Ma dato che quello che mi avete fatto vivere nella foresta è stato indimenticabile, ho pensato che per aiutarvi dovevo provare a usare le mie competenze scientifiche per cercare di capire quello che abbiamo visto. Cioè, diciamo cercare di dare evidenza scientifica a un discorso da sciamani.

«Quindi, cominciamo dal concetto di rete. Su questo andiamo lisce perché sono ormai decenni che siamo riusciti a dimostrare che gli alberi comunicano tra loro e che lo fanno via terra, o meglio sottoterra, tramite le radici e le micorrize che sono dei funghi che trasportano sostanze chimiche, via aria tramite segnali olfattivi e anche sonori e via acqua, sempre attraverso sostanze chimiche disciolte.

«Ora facciamo l'ipotesi che questa rete più grande è, meglio è. Un po' come la nostra internet che raggiunge posti lontani e trasporta messaggi. Ma anche perché l'unione fa la forza e gli alberi tra loro si sostengono e ipotizziamo che tutto questo scambiarsi messaggi le aiuti a essere più forti e a fronteggiare gli imprevisti come il maltempo, i predatori, o le malattie.

«Quello che gli umani stanno facendo più meno dall'età del bronzo è distruggere la rete delle foreste. Fondamentalmente per ignoranza e arroganza. Gli è andata bene per qualche millennio, ma ora sono a un punto in cui le foreste non ce la fanno più e diciamo che hanno chiesto aiuto. Cioè il messaggio che abbiamo sentito è un Sos delle foreste. Ci chiedono di aiutarle a ricucire i loro frammenti come in un patchwork...»

«Monica? Scusa se ti interrompo, ma a noi è venuta in mente una cosa, forse un po' assurda, ma come dici tu, stiamo facendo delle ipotesi...»

«Dimmi, Ris, stiamo appunto facendo delle ipotesi» rispose Monica divertita dall'idea di avere un brainstorming con quattro sciamane adolescenti.

«Noi abbiamo pensato che forse le foreste non ci stanno chiedendo aiuto solo per loro. Cioè, è un po' estrema come idea, ma noi sappiamo che le foreste senza umani sopravvivrebbero alla grande, mentre il contrario non è possibile. Noi senza ossigeno moriremmo. Visto che, sempre nelle nostre ipotesi, le foreste sono intelligenti, molto intelligenti. Forse non siamo noi che dobbiamo salvare loro, ma sono loro che stanno salvando noi, da noi stessi.»

«Non so se ho capito bene. Voi pensate che le foreste si stiano preoccupando degli umani...»

«Be', se ci pensiamo ci tengono in vita da un sacchissimo di anni» intervenne Derb a supporto della teoria di Ris.

«Poi ci hai detto tu che un tempo forse tutti gli umani erano capaci di comunicare con le foreste. Magari ora stanno cercando di farci ragionare.»

«Ci stanno dando una possibilità» aggiunse Edme «invece di lasciarci soffocare tutti senza ossigeno, liberarsi di noi e poi rinascere da semi e radici.»

«Ci stanno dicendo che ci vogliono bene» concluse Fing.

Monica fece una pausa e le si formarono due rughe alla base del naso. Non erano però rughe perplesse, ma di riflessione. Poi espirò e si aprì in un sorriso.

«Sentite, ormai cosa abbiamo da perdere. Voglio provare a credere anche a questa ipotesi, che per altro confermerebbe anni di mie ricerche sulle piante come esseri molto più saggi degli umani. Anzi, se dovessi mettermi nei loro panni forse avrebbero fatto bene a liberarsi di noi da un pezzo. Quindi, ricapitolando, le foreste ci tendono una mano, ops, un ramo, e ci indicano una via per evitare la fine del mondo.»

«Più o meno.»

«Be', comunque sia, questo non cambia quello che avevo pensato di dirvi oggi. Avevo cercato di immaginare un modo concreto in cui potremmo aiutare le foreste a rinforzare la loro rete. E ragionando da scienziata, mi sono chiesta: se le foreste comunicano in tutti i modi che sappiamo, ma i loro messaggi non riescono più a coprire le distanze tra l'una e l'altra, per colpa di tutti gli ostacoli costruiti dagli umani? Forse noi potremmo escogitare un modo per aiutarle a superare quelle distanze.»

«Tipo fare da postini?» chiese Edme.

«Messaggere delle Foreste!» aggiunse Ris con tono di trionfo. «Certo, ma come?»

«Be', noi scienziati da secoli facciamo esperimenti unendo pezzi di piante diverse. Quindi mi sono chiesta cosa succederebbe se unissimo pezzi di foreste diverse. Tecnicamente non è facilissimo, ma potremmo cominciare con dei campioni di terreno e magari qualche seme. Probabilmente dovremo fare diversi tentativi, non sappiamo quali e come scegliere i nostri campioni, ma questo succede sempre in qualsiasi esperimento.»

«Io invece credo che lo sappiamo» intervenne Fing.

«Il nido!» esclamarono all'unisono le altre tre, lasciando Monica in attesa di una spiegazione, che Ris si affrettò a dare.

«Anche noi abbiamo fatto delle ricerche» disse assumendo il tono più professionale che le riusciva «e abbiamo raccolto degli indizi. In almeno due e forse tre delle foreste che abbiamo ascoltato, abbiamo sentito parlare o visualizzato qualcosa che si chiamava NIDO, ma che non era un nido di uccelli. Nel caso di Derborence, i fratelli di Edme e Derb lo hanno anche visto.»

«E purtroppo siamo riuscite a saperlo da poco. Comunque sembra che fosse una struttura di rami e foglie intrecciate e che al suo interno ci fossero pigne e semi» precisò Derb.

«Allora noi ci siamo domandate se non potrebbe essere opera della foresta stessa. Ma ci chiedevamo perché l'avrebbe fatto, forse una riserva di semi, come quegli uccelli che scavano le buche e li nascondono...»

«Le ghiandaie o nocciolaie.»

«Esatto. Ma ora che ci hai detto quest'idea delle Messaggere delle Foreste, forse è proprio questo. Forse le foreste stanno preparando un messaggio e vogliono che noi lo trasportiamo per loro.»

«Come una specie di capsula del tempo, a me ne hanno regalata una, una volta, al compleanno.»

«Cioè, secondo voi, le foreste hanno preparato dei campioni per noi da trasportare?»

«Perché no?!»

«In effetti a questo punto non mi stupirei» rispose Monica, che aveva l'aria di divertirsi davvero, il confronto con menti giovani e aperte era molto più interessante che con i suoi rigidi colleghi. «Quindi, secondo le vostre ipotesi, noi dovremmo trovare in ogni foresta uno di questi nidi e trasportarlo... dove?»

«Be', questo dobbiamo farcelo dire da loro. Magari hanno chiamato noi quattro perché le nostre quattro foreste vogliono mettersi in contatto. Magari un tempo erano unite, la Svizzera era ricoperta di foreste e loro se la sono chiacchierata per secoli. Ora hanno nostalgia delle loro sorelle. Quindi ciascuna ha preparato tre nidi che noi dobbiamo portare dalle altre!» sparò Ris a mitraglietta. Dal suo riquadro sullo schermo, Derb la guardò con le sopracciglia inarcate.

«Wow, Ris, fermati un attimo. Da come la stai dicendo tu, le foreste ci starebbero chiedendo di organizzare il trasporto di 3 × 4 = 12 cosi, che mio fratello ha definito *piuttosto fighi* e in cui secondo lui si sarebbe rifugiato Léo per una notte. Quindi non si tratta proprio di oggettini della misura di una ghianda. In più si dovrebbero trovare nel mezzo di ciascuna foresta. Cioè non proprio facilmente accessibili. E noi come faremmo secondo te a prenderli e portarli da ciascuna foresta verso le altre tre? E poi cosa dovremmo fare, depositarli e le foreste si arrangiano?»

«Uffa, non lo so! Era solo un'idea, stiamo facendo un brainstorming, no? Mi sembrava bella...»

Monica intervenne in suo soccorso: «Sì. In effetti la tua idea è affascinante, ma se posso permettermi, senza scoraggiarvi, per il momento mi pare impraticabile.

«Però, se io potessi aiutarvi, e non vi sto promettendo nulla, forse potremmo individuare uno di questi nidi. Il che sarebbe una scoperta di enorme valore scientifico. E io mi sentirei autorizzata a usare qualche mezzo del mio laboratorio. E se, ripeto se, riuscissimo a organizzare il trapianto, e questo andasse a buon fine, allora sì che potrei provare a farne un progetto di ricerca e chiedere dei finanziamenti per studiare e trasportare gli altri nidi, se li troviamo».

«Monica, sei un mito! Lo sapevo che sei la nostra salvatrice!» tuonò Ris, che aveva rapidamente ritrovato l'entusiasmo. «Allora adesso noi potremmo chiedere l'aiuto di qualcuno dei nostri genitori, io credo di riuscire a convincere mia madre e lei di sicuro può coinvolgere Diane, la mamma di Fing. Però ci serve più gente e un furgone o un camion scoperto, quanto sarà grande il nido secondo voi? Mi sa che mi tocca tirar dentro anche i miei fratelli. Dobbiamo scegliere da quale foresta cominciare. Quale è meglio? A Derborence siamo sicure che c'è un nido, se ci fidiamo di Costi, ma è piuttosto scomoda da raggiungere. Boedmeren è ancora più lontana, se poi lo dobbiamo portare giù. Anche Finges e Risoux non siamo certe che abbiano il nido, ma sono più accessibili. Cosa ne dite, ragazze?»

Le sue amiche la stavano guardando con un sorrisetto ironico, avevano imparato ad aspettare che esaurisse le sue domande e autorisposte. Monica invece aveva la testa china su un blocco giallo e con la matita stava prendendo appunti e facendo schizzi. Appena Ris si fermò per prendere fiato, intervenne: «Allora, prima di tutto, ragazze, voglio dirvi che, comunque vada questa folle avventura, la riunione di oggi è la più interessante, illuminante, innovativa e ricca di stimoli a cui abbia partecipato da tanto tempo. Vi ricordo che le ricerche sulle piante sono caratterizzate dalla loro lentezza. Che noi botanici siamo abituati a dotarci di una proverbiale pazienza, il che capisco non si accordi con l'adolescenza. Ma un pochino almeno di pazienza in più dovrete sforzarvi di averla. Quello che vi propongo è di spezzettare il nostro problema in parti più piccole e affrontarle una alla volta. E di prepararvi all'idea che un lavoro come questo potrebbe richiedere anni. Ma noi sappiamo che per una foresta gli anni sono briciole, quindi non ci lasciamo abbattere. Ok?».

Le ragazze dai loro schermi annuirono.

«Le domande di Ris sono tutte giuste, quindi io direi che cominciamo dalla prima, quale foresta? O meglio, quali?

«Perché se il nostro piano ha senso, ci sarà una foresta di partenza e una d'arrivo. Immaginando che dovremo trapiantare dei germogli o dei semi, e che qualcosa debba mettere radici, la stagione giusta è questa, anzi non abbiamo molto tempo.

«Vi direi di fare un'analisi delle varie specie presenti in ciascuna e delle loro possibilità di adattamento a un nuovo ambiente, ma una tale ricerca richiederebbe tempo e ho l'impressione che forse con i vostri metodi sciamanici potreste arrivare a una decisione ottima in tempi rapidi.

«Quindi cosa ne dite se il prossimo fine settimana, se smette di piovere, vi portassi in gita in una foresta che mi indicherete voi? Ci pensiamo tutte un paio di giorni e partiamo in esplorazione. Sappiamo cosa cercare e, una volta che l'abbiamo trovato, cominciamo con l'organizzazione logistica. Intanto io vedo che mezzi potrei avere a disposizione. Per l'occasione posso cercare una macchina, a meno che non vogliate farvi accompagnare da qualche genitore. Prima o poi dovrete parlare con loro, e se avete bisogno di garanzie, io ci sono.»

«Io ho già parlato con mia mamma» disse Fing, che non aveva ancora raccontato alle altre della sua conversazione con Diane, «io sono sicura che lei ci verrebbe con noi, ho scoperto che sa un sacco di cose sulle foreste e se siete d'accordo potremmo chiedere anche al suo amico, Bruno, lui è un forestale.»

«Mi sembra una cosa bellissima» rispose Monica «aggiungere un forestale alla squadra non può che essere utile. Allora va bene così? Altro weekend altra gita, a voi la scelta della foresta, ditemelo però entro venerdì così posso organizzarmi! Ora vi devo salutare.»

Mentre chiudevano la conversazione, dai cinque schermi si sentì lo scrosciare della pioggia.

55

Dopo giorni di pioggia, quel sabato sembravano avere la fortuna di un momento di tregua. Il cielo era ancora coperto, ma le nuvole erano meno scure e ogni tanto si intravedeva uno spiraglio di azzurro.

Marie-Hélène aveva accettato di accompagnare sua figlia anche se non aveva ben capito di quale missione stesse parlando.

Sapeva bene che la fiducia di un'adolescente è un bene prezioso quanto fragile. Quindi se Ris aveva deciso di farle una confidenza e di coinvolgerla in una sua avventura, questo era di per sé un gran regalo.

Inoltre quando aveva proposto a Diane di unirsi alla spedizione, aveva sentito la contentezza nella voce dell'amica e anche qualcosa di più appena aveva pronunciato il nome di Bruno, come se per lei fosse importante che Marie-Hélène lo incontrasse. Un buon motivo in più per alzarsi presto quel sabato e andare all'appuntamento con questa scienziata che sembrava diventata tanto amica delle ragazze. Insieme avrebbero raggiunto il bosco di Finges dove si sarebbero incontrate con Diane, Bruno, Fing e Derb.

Ris fino alla sera prima aveva cercato il modo di farsi raggiungere anche da Edme, ma per questa volta le fantastiche quattro non si sarebbero riunite. Dopo la disavventura di Léo, Anne e Paul preferivano stare un po' tranquilli, il tempo poi non invogliava certo a mettersi in viaggio per il weekend.

Quando arrivarono alla fermata dell'autobus, Monica le stava già aspettando con un pick-up rosso del servizio noleggio dell'università.

«Buongiorno, benarrivate! Ho pensato che ci servisse un mezzo adatto alla raccolta di eventuali campioni, cosa ne dite?»

«È stupendo!» cinguettò Ris, mentre sul viso di sua madre si dipingeva un'espressione interrogativa.

Questa Monica però le ispirò simpatia al primo sguardo, quindi si sforzò di trattenere le domande e rispose al sorriso e alla mano tesa.

«Sono contenta che si sia unita anche lei alla spedizione. Ris mi ha detto che insegna.»

«Sì, inglese, alle medie e al liceo.»

«Perfetto. Sarà fierissima di questa ragazza» affermò Monica strizzando l'occhio a Ris mentre si sistemavano sul sedile del furgone.

«Io? Sì, senza dubbio. Ma forse lei si riferisce a qualcosa che non so.»

«Be', se non le dispiace potremmo darci del tu. Stiamo per partecipare a un'avventura che potrebbe cambiare la ricerca scientifica per sempre e forse, come dice Ris, salvare il mondo. Bando alle formalità.»

«Mmm, sì, certo, grazie, volentieri» rispose Marie-Hélène, mentre la sua faccia diventava un unico grande punto di domanda.

«Deduco dalla tua espressione che Ris non ti abbia messa al corrente dei dettagli della missione» disse Monica, sapendo che la parola *missione* avrebbe suscitato l'entusiasmo della sua giovane socia.

«Effettivamente no.»

«Allora, abbiamo un'oretta di viaggio. Vedremo di farcela bastare per le spiegazioni. Lo sai, vero, che tua figlia parla con le foreste?»

Intanto, alla stazione di Sierre, Fing aspettava impaziente il treno di Derb e Costi. Alla fine avevano deciso di coinvolgere anche lui. In fondo era l'unico, a parte Léo, ad aver visto uno dei nidi, poteva tornare utile. A suo dire lui aveva accettato solo per l'idea di salire sul fuoristrada della forestale. Ma dopo il ritrovamento di Léo, più di una volta si era avvicinato a sua sorella accennando l'inizio di un discorso sugli alberi. Come se si stesse rigirando un pensiero in testa e non riuscisse a dargli voce.

Il treno rallentò, Derb e Constantin presero i loro zaini e non avevano neanche messo piede sull'ultimo scalino che Fing li abbracciò. Qualcosa in lei era cambiato. Era più luminosa, solare anche in quella giornata grigia. Si mise in mezzo e li prese sottobraccio, ciascuno da un lato.

«Andiamo! Mia mamma ci sta aspettando al bar con una bella cioccolata per darci energia. Poi, mentre arrivano anche Monica e Ris, ci prepariamo i panini. Non vedo l'ora di farvi conoscere Bruno, è il fidanzato di mia mamma, anche se lei non vuole che io lo dica, sono troppo belli insieme!»

«È per questo che sei illuminata come un albero di Natale alla vigilia?»

«Per questo e anche altro. Negli ultimi giorni ho parlato un sacco con mia madre. Mi ha raccontato di lei e mio padre. Sapete che da giovani hanno vissuto in una foresta per salvarla? In Amazzonia, in Brasile. Poi lei ha scoperto che stavo arrivando io e voleva tornare a casa, per farmi nascere in ospedale. E credo che mio padre abbia preferito la foresta a noi, e che per questo lei sia ancora arrabbiata con lui. Ma non me l'ha detto. Però mi ha detto che lui era diventato una specie di sciamano e che sapeva entrare nei sogni. Quindi è proprio lui che sto sognando da sempre. Mio papà mi viene a trovare nei sogni. E questa notte c'eravate anche voi tre. Quindi sono sicura che oggi andrà tutto benissimo. E poi ho raccontato tutto anche a mio nonno ed è già nel bosco che ci aspetta, vuole conoscervi.»

«Lo sai che stai cominciando a parlare come Ris? Non so se possiamo reggervi in due con tutta quest'energia, sai. Tu eri lo yin che bilanciava lo yang. Se ora diventi tutta elettrica io non riesco a riequilibrare la forza. Non c'è neanche Edme, che almeno è una persona pacata e razionale...»

«Be', se voi quattro sgallettate avete bisogno di riportare un po' di maschio equilibrio nel vostro cerchio d'energia, potete contare su di me. Nel caso poi abbiate bisogno di una guida nella foresta, mi sono già dimostrato piuttosto abile l'ultima volta.»

«Costi! Ma dai! Eravamo d'accordo che Capitan America lo avresti lasciato a casa. Apprezziamo il tuo contributo e sono contenta che tu sia qui, sei l'unico che abbia visto uno dei nidi, quindi sei molto importante, ma in quanto a guide direi che tra Bruno e il nonno di Fing, siamo più che a posto, grazie» lo tacitò Derb.

Erano arrivate al bar di fronte alla stazione, l'Alpenstock. Era una vecchia locanda, trent'anni prima era stata rilevata da una giovane coppia, che l'aveva rinnovata mantenendone l'antico spirito. Per molto tempo era stata il locale preferito dei giovani di Sierre, aveva ospitato musica dal vivo lanciando gruppi locali e di recente aveva rinnovato il menu aggiungendo ai classici alcuni piatti vegetariani.

Quando era rientrata dal Brasile, incinta e disoccupata, Diane era andata lì una sera e i proprietari, che la conoscevano da sempre, le avevano offerto di dare una mano al bar ogni volta che poteva. Non aveva più smesso e recentemente le avevano chiesto se non volesse considerare l'ipotesi di diventare socia, loro non avevano figli e non pensavano di lavorare ancora molti anni.

Per la prima volta Diane si era ritrovata a fare dei piani per il proprio futuro, e l'Alpenstock non ci stava male. Vedere adesso sua figlia e i suoi amici al grande tavolo tondo, che si abbuffavano di cioccolata e croissants mentre scherzavano con Bruno, era un'immagine che le riempiva il cuore di gioia.

La sua espressione fu la prima cosa che notò Marie-Hélène entrando nel locale, fece rimbalzare lo sguardo un paio di volte dal bancone, dietro cui stava Diane, al tavolo tondo, dove Monica e Ris avevano raggiunto gli altri e stavano facendo le presentazioni, poi guardò la sua amica negli occhi e annuì sorridendo.

La compagnia si mise in marcia di ottimo umore. Marie-Hélène si unì a Diane e Constantin sul fuoristrada di Bruno, mentre Ris, Derb e Fing si strinsero sul sedile del pick-up di Monica.

L'ingresso alla riserva naturale non era lontano e Fing approfittò del tragitto per introdurre le sue amiche ai suoi luoghi preferiti: «La riserva naturale va da un versante all'altro della valle, in alto arriva fino a quattromilacento metri, il bosco è solo una parte, poi ci sono anche paesi e campi coltivati, anche le vigne sono protette. Ma il bosco è speciale, anche se non è isolato come Derborence in cima a una montagna, ci sono un sacco di specie che stanno tornandoci, anche il lichene che era quasi estinto. Solo che soffre per l'inquinamento e intorno al bosco ci sono troppe strade e costruzioni. Stanno facendo anche un'autostrada, da un sacco di anni. Per fortuna c'è chi ha combattuto perché fosse sotterranea, anche se non credo che il bosco sarà contento di avere auto che gli passano sotto le radici...».

«Sai, Fing, non credo di averti mai sentito dire così tante parole di fila. Solo a te può succedere di entusiasmarti per il lichene, e menomale che noi siamo le amiche giuste per apprezzarlo. È quella cosa che cresce sui tronchi un po' fungo un po' pianta, vero?» chiese Ris e Derb le rispose: «No, guarda, non è la prima volta. Stamattina è così, ce l'hanno cambiata nel sonno. Comunque, prego, Fing, continua pure con il lichene...».

«È una simbiosi tra un fungo e un'alga, le loro cellule si mescolano, l'alga è capace di fare la fotosintesi e il fungo no. La gente li distruggeva perché pensava fossero dei parassiti delle piante. Invece, loro si appoggiano ai tronchi, ma solo a quelli vecchi, o meglio, magari ci sono anche prima, ma non li vediamo, perché ci mettono trent'anni a essere pronti a riprodursi e poi possono vivere fino a cento. Ma se si tagliano tutti gli alberi ancora giovani, i licheni muoiono con loro. E noi perdiamo una vita preziosissima, perché coi licheni si possono curare un sacco di malattie.»

«Che discorsone, Fing, io li ho visti anche nel mio bosco, ma non la sapevo così bene» commentò Ris, e Monica, seppur concentrata alla guida, fece un fischio d'ammirazione. In quel momento Bruno davanti a loro mise la freccia e le guidò fino al parcheggio visitatori, dove lasciarono le auto, recuperando alla svelta i loro zaini, ansiose di addentrarsi tra gli alberi.

Davanti a loro iniziava maestosa una delle più grandi e antiche pinete d'Europa. Cresceva lungo le due sponde del fiume Rodano e al suo interno custodiva radure e aree umide. Il clima protetto della valle faceva sì che vi crescessero insieme specie tipicamente alpine e altre originarie di climi più caldi, così poteva accadere di incontrare un pino nero insieme a un pino mugo e a un gruppetto di abeti rossi, spiegò Bruno mentre imboccavano il sentiero. Poi si fermò e chiese: «Voi però non siete qui per una visita turistica, se mi fate capire meglio cosa stiamo cercando, forse posso pensare alla direzione giusta».

In quel momento lungo il sentiero di fronte a loro li stava raggiungendo il padre di Diane, che avendo sentito le ultime parole, rispose: «Io forse ho un'idea» poi tacque, non essendo abituato a grandi discorsi.

Sua nipote invece lo travolse con il suo nuovo entusiasmo. «Nonno! Ciao! Queste sono le mie amiche,

Ris l'hai già vista a casa, lei invece è Derb e lui è il suo gemello Constantin, ci sarebbe anche Edme con suo fratello Léo, ma non sono potuti venire, abitano troppo lontano. E lui è Bruno, l'amico della mamma.» La raffica di parole uscite dalla bocca della sua adorata nipote gli strappò un sorriso. Era una novità sentirla cinguettare come un uccellino. Non era certo che avrebbe vissuto abbastanza a lungo da vederla così allegra, nonostante se lo fosse augurato per tanto tempo.

Si rese conto però che, di tutte le informazioni ricevute, la più rilevante era l'ultima. E ritrovando il suo consueto sguardo serio, squadrò da capo a piedi il giovane uomo che lo scrutava titubante. Registrò il suo abbigliamento, riconobbe l'uniforme del forestale fuori servizio, e quello che vide nei suoi occhi gli piacque molto, nonostante mantenesse mille riserve. Senza mostrare nessuna di queste emozioni, allungò la mano e strinse forte quella di Bruno.

«Piacere, io sono Emil Giraud, il padre di Diane e il nonno di Fing» e in un solo sguardo i due uomini poco loquaci si dissero tutto quello che c'era da dire.

«Nonno, hai detto che hai un'idea, quale?»

«Be', uccellino mio. Tu forse non te lo ricordi, ma quando eri piccola io e te passavamo un sacco di tempo tra questi alberi. Se ho ben capito quello che mi hai raccontato ieri sera, voi cercate un posto antico. Che possa essere il cuore della foresta. C'era un grande albero che ti piaceva molto andare a trovare, era enorme e vecchissimo. Ora però è nella parte della riserva inaccessibile al pubblico.»

«A quello posso pensare io» propose subito Bruno.

«E se proprio dovessimo incontrare qualche mio collega severo, abbiamo con noi la dottoressa Galeano, che può sostenere che facciamo parte di un progetto di ricerca UniL. Se non facciamo troppo rumore e calpestiamo meno roba possibile, dovremmo cavarcela. Tanto si tratta di una missione esplorativa, giusto?»

«Per ora sì» rispose Monica «e se tutto va come speriamo, non dovrei avere problemi a procurarmi le autorizzazioni necessarie.»

Stabilito che era meglio non far troppo rumore, si avviarono nella direzione indicata da Emil e dopo non molto si trovarono ad abbandonare il sentiero pubblico superando una sbarra con il cartello: SOLO ADDETTI AI LAVORI. A quel punto Constantin cominciò a manifestare una certa eccitazione e non riuscì a mantenere il silenzio.

«Ehi, siamo otto, come la Compagnia dell'Anello! E ci stiamo avventurando nelle terre di Mordor!»

«Ma non erano nove?» gli rispose Ris, che, anche se non aveva letto il libro, aveva visto i film con i suoi fratelli.

«Ma no, scusa, Frodo e Sam con Merry e Pipino, Aragorn e Boromir per gli uomini, Legolas per gli elfi, Gimli per i nani.»

«E Gandalf?!»

«Ah già, Gandalf, mi sa che hai ragione. Io comunque sono Aragorn!»

«Sempre meglio che Capitan America, però mi sembra avessimo deciso di non far troppo rumore» lo tacitò sua sorella «anche se per me tu sei tale e quale a uno hobbit, con quei piedi.»

Constantin stava per rispondere quando la voce di

Fing le sovrastò tutte: «È qui, è vicino, me lo ricordo! Io lo sento, e voi?». Ris e Derb in un attimo le furono accanto e dandosi la mano cominciarono a camminare spedite verso il fitto della foresta.

Si lasciarono rapidamente alle spalle il sentiero forestale e il resto del gruppo che non era stato prontissimo a reagire alla fuga in avanti delle tre ragazze. Diane e Marie-Hélène stavano per lanciarsi in un inseguimento forsennato nei cespugli, quando Emil fece loro con la mano il gesto di calmarsi e proseguire in silenzio. Le ragazze erano pochi metri davanti a loro, a portata di voce. Se avevano deciso di allontanarsi da sole potevano provare a fidarsi e seguirle a distanza.

Nell'istante in cui si erano date la mano, la prima cosa che avevano sentito tutte e tre era Edme. O meglio, la mancanza di Edme. Mancava un pezzo e loro dedicarono un secondo a invocarla. Non seppero subito che il loro messaggio era giunto a destinazione.

Ma a centosettanta chilometri di distanza, la loro amica stava osservando dalla finestra di camera sua la foresta bagnata dalla pioggia e sentì impellente la necessità di uscire e avvicinarsi a un tronco. Sapeva di non doverlo fare, sua madre non avrebbe retto un altro figlio scomparso nel bosco per più di cinque minuti. Ma il richiamo della foresta era irresistibile e ci sentiva anche la voce delle sue amiche.

Senza fare rumore indossò gli stivali di gomma e l'impermeabile, ebbe l'istinto di farsi accompagnare da Quercia, ma da quando erano tornati la cagna non lasciava il fianco di Léo neanche un secondo e chiamarla avrebbe destato troppa attenzione.

Non si sarebbe allontanata molto da casa, non sarebbe veramente entrata nel bosco, le bastava arrivare solo fino ai primi alberi, abbracciare un tronco.

Intanto Fing aveva guidato Derb e Ris nel fitto della foresta finché non sentirono chiaramente il rumore dell'acqua scrosciante. Si fermarono un attimo. Il profumo di resina era inebriante.

«È il fiume, me lo ricordo, manca poco.»

«Deve essere pienissimo per fare questo rumore.»

«Con tutta la pioggia che ha fatto.»

«Per di qua» disse Fing.

«Aspetta un secondo» la fermò Ris, si tolse la sciarpa rossa e la legò a una betulla ben in vista «evitiamo di far morire di infarto le nostre madri» disse con un sorriso.

Avanzarono ancora mentre il terreno sotto i loro piedi cambiava consistenza, la vicinanza dell'acqua era percepibile e la vegetazione era diversa. A quella tipicamente alpina si aggiungevano altre specie. La coltre di conifere si era diradata per lasciare spazio alle chiome sferiche dei pini neri, con la loro aria mediterranea e a quelle irregolari dei pini silvestri. Ma a livello del suolo, il sottobosco si era fatto più rigoglioso, rallentando la loro avanzata.

Finché non lo sentirono, e seguendo lo sguardo di Fing, lo videro svettare sugli altri: era un enorme pino silvestre, di almeno trenta metri di altezza.

Lo raggiunsero, incuranti dei cespugli che sembravano farsi da parte per lasciare loro il passo. E si fermarono a testa in su, ammirate. La sua chioma, pur nell'irregolarità di chi ha vissuto molte stagioni, era maestosa.

La sua ombra impediva che crescesse altro, così intorno a lui si era formata una piccola radura. Le sue radici in alcuni punti sbucavano dal terreno a più di dieci metri. A quella distanza, in un cerchio quasi regolare, crescevano i suoi figli, era facile immaginarne le radici intrecciate. Una grande madre della foresta.

Ma avvicinandosi al tronco, le tre ragazze videro poco più in là qualcosa di meraviglioso, e seppero che la loro ricerca era finita.

56

All'interno del cerchio irregolare della radura, era tracciato un altro cerchio dal diametro all'incirca di due metri. Ma invece di essere composto da figli del grande pino, i giovani germogli che lo disegnavano sembravano tutti di specie diverse.

Ris, Fing e Derb si guardarono estasiate. «Ma è meraviglioso, ci sono tutti.»

«Sembra che la foresta abbia riunito i suoi ambasciatori.»

«Ma sono tutti giovani.»

«E poi guardate dentro!»

All'interno, il nido era tappezzato di ogni specie di piccola pianta, fiore, fungo o felce che abitava il bosco di Finges. E ogni centimetro non coperto da una pianta era riempito da ghiande, noci, semi. Sul fondo si intravedeva un intreccio di radici a formare una specie di enorme scodella.

«Ma come avrà fatto?»

«Ma chi li avrà portati tutti qui?»

«Dite che hanno aiutato anche gli animali?»

«Ma per forza, loro sono più svegli di noi, saranno ancora capaci di comunicare.»

«Ma siamo sicure che possiamo trasportarlo?»

«Non è che soffre a venire via di qui?»

«Forse sì, ma credo che lo abbiano fatto apposta. Che siano disposte a correre il rischio.»

«Tipo capsula del tempo.»

«Già.»

«Dobbiamo assolutamente farlo vedere a Monica!»

«Dobbiamo avvisare le nostre madri che siamo vive.»

«Ah! E ora il fischietto che mia madre mi ha imposto torna buono!» disse Ris e soffiò due volte con forza.

In pochi minuti le raggiunse il resto del gruppo che aveva trovato la sciarpa e su insistenza di Emil aveva continuato a mantenere una minima distanza.

A Muotathal nel frattempo Edme era arrivata al limitare della foresta, fradicia di pioggia, si era riparata sotto la fitta chioma di un abete rosso che la confortava con il suo profumo di resina. Non sapeva bene cosa l'avesse spinta fin lì. Di certo se non fosse tornata subito si sarebbe beccata una punizione infinita. Ma era contenta di essere dov'era. Sentiva che era la cosa giusta da fare. Forse solo perché sapeva che in quel momento le sue amiche erano insieme in un bosco e aveva voluto in qualche modo sentirsi vicina a loro, anche se centottanta chilometri più a nord.

Poi però l'albero la riscosse dai suoi pensieri.

Nello stesso momento, a Finges, Constantin entrò nella radura con fare di trionfo: «Sorella, con questa tua fuga nel bosco ti sei autocondannata a farmi i compiti di tedesco per il resto del semestre, o forse della mia vita scolastica! A meno che tu non voglia discutere con la mamma le tue malsane abitudini...».

«Taci va', Costi! E vieni a vedere che cosa fantastica abbiamo trovato. La mamma non ha niente di cui preoccuparsi, eravamo a un passo da voi e vi abbiamo anche lasciato il segnale.»

Marie-Hélène, Diane e Bruno si avvicinarono alle ragazze e si fermarono incantati. Monica invece fu presa da uno stato febbrile immediato. «Tutti fermi! Se questo è quello che sembra, è fondamentale che documentiamo tutto prima di compromettere la scena» disse estraendo dalle tasche il telefono e cominciando a scattare foto.

«Wow, pensavo dicesse *la scena del crimine*!»

«Costi, sei sempre un idiota! Ma non lo vedi che cosa meravigliosa hai davanti agli occhi?! L'hai capito che tutto questo è opera della foresta? Che ci ha chiamate perché lo trovassimo?»

«See, le fantastiche quattro meno una! In effetti però assomiglia un po' a quel coso in cui ho trovato Léo. E voi dite che la foresta ha voluto che lo trovassimo? E per farne cosa?»

«Be', noi pensiamo per trasportarlo in un'altra foresta e aiutarle a scambiarsi messaggi.»

«Figo! Tipo navicella spaziale? La spediamo nell'universo a caccia di forme di vita aliene?»

«Be', sì. Solo che in questo caso sappiamo benissimo di quali forme di vita si tratta. E quello che cerchiamo di fare è rimediare ai danni degli umani rimettendo in contatto le foreste.»

«Ah, ma qui siamo proprio a guardiane della galassia! Mi piace.»

«Senti, smetti di fare lo scemo e comincia a pensare

come puoi renderti utile se vuoi essere parte di questa eccezionale missione!»

Mentre Derb e Costi si beccavano, Ris stava aiutando Monica a documentare quello che era davanti ai loro occhi, fotografando e registrando memo vocali, sotto lo sguardo ammirato di sua madre. Fing invece si era avvicinata al grande tronco, voleva salutarlo e ringraziarlo di averle guidate fin lì.

Emil e Bruno erano rimasti in disparte, entrambi non amavano essere al centro dell'attenzione, preferivano aspettare che calasse l'agitazione. Diane stava per raggiungerli, poi cambiò idea e si diresse verso sua figlia.

«Ehi.»

«Ehi, mamma. Scusa se siamo scappate via, ti sei preoccupata?»

«No, tesoro, mi fido di te. E per tutto il tempo ho sentito dov'eri.»

«Vuoi dire che anche tu senti la foresta?»

«Un po', ma soprattutto io sento te. Sai, credo che senza ammetterlo neanche a me stessa, per tutti questi anni io abbia evitato di trovarmi in un bosco con te. Ho lasciato che ti ci accompagnasse il nonno. Non so neanche io di cosa avessi paura, forse del destino, che ti avrebbe allontanata da me.»

«Mamma!»

«No, davvero, lascia che te lo dica. Perché ora non è così. Ora sono tranquilla, non ho avuto neanche un secondo di paura.»

«Ti va di abbracciare questo albero con me?»

«Ne sarei onorata!»

57

Centottanta chilometri più a nord, Edme stava anche lei abbracciando un albero.

Pensava di fargli un salutino veloce prima di rientrare, ma quello che vide chiudendo gli occhi, prima la paralizzò sul posto, poi le mise le ali ai piedi.

Ripercorse, terrorizzata, i suoi passi alla velocità della luce, rischiando di scivolare in discesa sul sentiero bagnato.

Non si preoccupò neanche un istante di non far rumore per nascondere la sua fuga. Al contrario spalancò la porta di casa e si mise a chiamare a gran voce: «Mamma! Papà! Léo! Venite! Svelti! Dobbiamo partire!».

«Edme, ma cosa stai dicendo, partire?»

«Ma sei tutta bagnata, sei uscita con questa pioggia?!»

«Mamma! Non c'è tempo da perdere! Ce ne dobbiamo andare subito! Prima che sia troppo tardi! Prima che arrivi.»

«Ma cosa dici? Arrivi chi?»

«Non chi, cosa. L'acqua, papà. Sarà tutto sommerso dall'acqua.»

«Ma chi te l'ha detto? Stai tranquilla, ho sentito il meteo, dice cautela, ma non ha parlato di allarmi.»

Allora Edme capì che se avesse provato a dire ai suoi genitori come faceva a essere certa di quello che stava dicendo, non sarebbe mai riuscita a convincerli in tempo. Quindi fece quello che da che mondo e mondo fanno i bambini e le bambine che vogliono urgentemente convincere i loro genitori a fare qualcosa. Piantò il più colossale capriccio che la famiglia Meyer avesse mai visto.

Iniziò a urlare e a piangere pestando i piedi per terra e strappandosi i capelli, gridando che non avrebbe smesso finché non fossero tutti saliti in macchina e se ne fossero andati di lì.

I suoi genitori, che non erano abituati a tali scene, si guardavano interdetti, mentre Edme con i segni comunicò a Léo le regole del gioco.

Il bambino si unì alla disperazione della sorella e cominciò a strillare: «Voglio andare dalla nonna!».

Il che era talmente una novità che Paul fu sul punto di commuoversi, forse suo figlio era riuscito a sciogliere il cuore di quel generale di sua madre.

Quercia si unì alla disperazione dei ragazzi e cominciò a ululare.

A quel punto Anne temette che a qualcuno venissero le convulsioni e con gli occhi pregò Paul di accettare la resa insieme a lei. Pensò che avrebbero potuto mettersi in macchina e capire lungo la strada se era il caso di portare Edme in pronto soccorso. Non l'aveva mai vista urlare così, doveva di certo aver male da qualche parte.

Paul prese in mano le chiavi della macchina. Nel tempo in cui lui usciva dal garage e Anne legava Léo al seggiolino, Edme si era precipitata in camera sua e del fratello e aveva afferrato ciò che le era sembrato indispensabile: pigiami, peluche, colori, una felpa, mutande e calze, li aveva ficcati nel suo zaino di scuola insieme a telefono e caricatore ed era salita sul sedile posteriore premurandosi di mantenere un'aria disperata per assicurarsi che i suoi genitori non cambiassero idea.

La macchina imboccò la discesa nello stesso momento in cui i mezzi della protezione civile iniziavano a percorrerla nell'altro senso.

Quando si lasciarono alle spalle le prime curve, Edme fece segno a suo fratello che potevano smettere di piangere.

In quello stesso momento, Fing staccò l'orecchio dal tronco e guardò sua madre con gli occhi sbarrati.

«L'hai vista anche tu?»

«Credo di sì» rispose Diane con espressione seria e preoccupata. Quel momento di gioia insieme a sua figlia era stato spazzato via in un attimo. Fing si rivolse all'istante a Derb e Ris.

«Ragazze, venite! Dobbiamo andare, subito!»

«Che succede? Dobbiamo ancora fare delle foto, prendere delle misure, capire come trasportare il nido e dove...» le rispose Ris, sempre più appassionata al lavoro di Monica.

«Cosa hai visto, Fin?» chiese invece Derb, notando la faccia terrorizzata dell'amica.

«Acqua, tantissima acqua dappertutto. E in mezzo c'era Edme. Sono tutti in pericolo!» rispose Fing con voce tremante e la faccia sconvolta. Un brivido le percorse tutto il corpo.

Monica alzò lo sguardo dal telefono e lo spostò sulle ragazze. Marie-Hélène guardò Diane con aria interrogativa. Emil e Bruno si avvicinarono. Costi per una volta non se la sentì di fare una battuta stupida.

«Cosa succede, Diane?»

«Non so dirvi, io non ho visto chiaramente come Fing. Ma era come se attraverso di lei percepissi la sensazione di pericolo.»

«Io invece ho visto l'acqua travolgere Edme, la sua famiglia, il suo villaggio.»

A queste parole Emil si avvicinò alle sue ragazze e mise una mano sulla spalla di ciascuna. Bruno non osò entrare nel cerchio familiare, ma lanciò uno sguardo di conforto a Diane.

«Ok, allora cosa ne dite se comunque ci allontaniamo da qui, dal fiume con le sue cascate, che a questo punto mi fanno venire un po' di brividi? E appena ho campo faccio una chiamata ad Anne e Paul per sapere come stanno? Cosa ne dite, ragazze?»

«Sì, però facciamo in fretta, sono sicura che sono in pericolo.»

«Ok, mamma, andiamo. Ma tu continua a guardare il telefono» rispose Ris, che si era resa conto che il terrore dell'amica era reale e le credeva.

Si misero rapidamente in cammino, seguendo Bruno percorsero una via più diretta e in pochi minuti si ritrovarono sul sentiero forestale. Marie-Hélène annunciò di avere qualche tacca e compose rapidamente il numero di Anne. In un attimo le ragazze le furono intorno.

Il telefono squillò, una, due, tre volte.

Anne lo sentì e stava quasi per ignorarlo, quando

vide sullo schermo il nome di Marie-Hélène. Sapeva che avrebbero trascorso la giornata con le ragazze. Forse erano le uniche che avrebbero potuto capire qualcosa della crisi di Edme. Toccò il cerchio verde.

«Marie-Hélène, ciao, mi senti?»

«Sì, ciao, state bene? I ragazzi?»

«Sì, più o meno, è successa una cosa, ora siamo tutti in macchina.»

«Voglio parlare con Edme!» esclamò Fing e Marie-Hélène le passò il telefono.

«Edme! L'ho vista!»

«Anche io. Era dappertutto. Ma ora stiamo scappando, spero di aver capito in tempo. Ora andiamo a Lucerna dalla nonna. Vi chiamo quando sono lì. Ma voi l'avete trovato il nido?»

«Sì, è bellissimo.»

«Sono felice, questa è la cosa più importante.»

«Be', anche che voi stiate bene. Avremo bisogno di tutto l'aiuto per trasportarlo. Non sappiamo ancora come. Abbiamo bisogno di un gran piano. Ti ripasso Marie-Hélène, mi sa che vogliono parlarsi tra mamme.»

Anne in realtà chiuse rapidamente la conversazione, aveva poca batteria e non aveva preso il caricatore. Fece in tempo però a sentire il suggerimento di Marie-Hélène di farsi raccontare da Edme cosa aveva visto.

Appena spense il telefono, i primi goccioloni scesero sul bosco di Finges.

58

Mentre correvano verso il parcheggio le gocce si moltiplicarono fino a divenire un serio acquazzone. Arrivarono alle macchine che erano tutti fradici e si diedero appuntamento all'Alpenstock per qualcosa di caldo.

Bruno propose a Costi di salire con lui e, mentre seguivano gli altri con la sua macchina, accese la radio della protezione civile.

Stavano allertando tutti i volontari.

Nei cantoni germanofoni il livello delle acque era molto critico, alcuni torrenti, tra cui la Muota, erano a rischio esondazione, come nel 2005.

In pochi giorni il pericolo sarebbe potuto arrivare anche lì a sud.

Dietro di lui, Monica alla guida del suo furgone stava cercando di farsi spiegare meglio quello che era appena successo: «Quindi Fing e Edme avrebbero avuto la stessa visione, di alluvione, nello stesso momento a quasi duecento chilometri di distanza?».

«Mmm, mmm. Sembra proprio di sì» le rispose Ris. «Io le credo» precisò subito.

«Anche io!» aggiunse Derb con un tono che non ammetteva repliche.

«Stavo chiedendo, non mettendo in dubbio» si affrettò a rispondere Monica. «Nel momento stesso in cui ho accettato di imbarcarmi in questa faccenda» spiegò «ho dovuto confrontarmi con tutta la mia formazione scientifica e fare delle scelte. La prima di queste è stata esattamente agli antipodi di quello che mi hanno insegnato: cioè di non dubitare di nulla di quello che voi mi riferite. Casomai di andare ad approfondirne i dettagli, di cercarne le prove in natura. Ma di non partire mai dal presupposto che voi mi stiate dicendo stupidaggini. E l'ho deciso quel giorno che mi avete fatta camminare su e giù per il bosco alla ricerca dell'albero migliore per mostrarmi le vostre abilità. Quando poi avete scelto quella quercia, io c'ero. E ho capito che stare al gioco vale molto di più della candela.

«E anche che tutte le intuizioni che ho lasciato in un angolo in tutti questi anni potrebbero essere segnali importanti che ho trascurato perché non sapevo come dimostrarli a quei tromboni dei miei superiori. Ma se anche solo un millesimo di quello che mi avete mostrato fosse accettato dalla comunità scientifica, davvero potrebbe cambiare le sorti del pianeta.

«Quindi, tornando alla mia domanda. Voi credete che le visioni di Edme e Fing fossero previsioni del futuro?»

«Be', se lo dici così, sembra un po' troppo il pensatoio di Harry Potter. Però il concetto è lo stesso. Non è quello che ci avevi detto sulle reti di comunicazione delle foreste? Che servono anche per mettersi in allerta dei pericoli?»

«Sì, teoricamente sì. Le piante sono capaci di cogliere moltissimi segnali, il grado di umidità di terra e aria, la velocità e la temperatura dell'acqua, la sua composizione chimica... quindi non ci sarebbe nulla di strano se riuscissero ad anticiparne l'arrivo. Ma mi chiedo se invece quello che avete visto non facesse parte della memoria della foresta.»

«In che senso?»

«Be', è un po' una fissa, mia e di qualche altro mio collega bizzarro per il mondo, quella di dimostrare la capacità di apprendere e di ricordare delle piante. Le foreste di cui stiamo parlando hanno entrambe vissuto le alluvioni degli anni scorsi. In particolare penso a quella dell'estate del 2005, le cui condizioni nei mesi precedenti ricordavano molto quelle di queste ultime settimane.»

«Cioè credi che la foresta possa aver trasmesso a Edme e Fing una specie di filmino del passato? E perché?»

«Mah, forse, non so. Se sposiamo la vostra teoria che siano loro a proteggere noi, forse voleva proprio metterci in guardia, evitare che rifacessimo gli stessi errori.»

«Cioè avvisarci di metterci in salvo, come ha fatto con Edme?»

«È proprio quello che mi stavo chiedendo. Comunque adesso ci asciughiamo ben bene, mangiamo qualcosa di caldo e cerchiamo di pensare a cose molto concrete come l'organizzazione del trapianto del meraviglioso nido che abbiamo scoperto oggi. Dove lo volete portare?» chiese Monica rendendosi conto che forse non era il caso di continuare discorsi allarmanti insieme a due ragazzine sensibili, e che se davvero la loro amica era in pericolo, non c'era molto che potessero fare loro da lì, se non aspettare.

Parcheggiò vicino all'Alpenstock e quando entrarono le loro narici furono piacevolmente inondate dal profumo di zuppa calda e di patate al forno. Si affrettarono a raggiungere gli altri che si stavano accomodando al tavolone rotondo.

«Derborence!» disse Fing appena furono tutti seduti. «Dobbiamo portarlo a Derborence. Non ve l'ho detto prima, perché le immagini d'acqua mi hanno distratta. Ma è la prima cosa che ho sentito chiaramente.»

«Ok.»

«Come ok? Cioè, e tutta la parte di discussione, preparazione del piano, mi avete coinvolto dicendo che c'era molto da fare. Sono secoli che mi sfrantumate con l'importanza della vostra missione, di definire un piano perfetto, e poi una decisione così importante la prendete così senza neanche discutere? Solo perché lo ha detto lei? Scusa, Fing, non è contro di te» inveì Constantin.

«Be', ma lei è Quintilio» gli rispose Ris come se spiegasse tutto.

«Quintiche?»

«Uff, si vede proprio che non hai una madre prof d'inglese. Quintilio, quello della *Collina dei Conigli*, il romanzo di Richard Adams, se non l'hai letto avrai almeno visto il film da piccolo.»

«Boh, forse. Ma Quintilio era un coniglio un po' *psycho*?»

«Che con le sue visioni salva tutta la conigliera da morte certa.»

«Ah, be', allora...» Constantin stava per rispondere con una delle sue solite battute, quando si ricordò di quanto avevano appena sentito alla radio «ma scusate, prima quando avete fatto tutto quel casino parlando d'acqua... volete dire che?»

«Che Fing ha visto Edme sommersa dall'acqua, allora siamo corse per cercare di telefonarle, e per fortuna anche lei aveva sentito l'allarme della foresta e aveva convinto la sua famiglia ad andarsene. E ora stiamo aspettando che ci chiamino per sapere cosa sta succedendo. Ma certo che se me lo dicevano prima che avere un gemello voleva dire dovergli spiegare i sottotitoli tutta la vita, io mi facevo adottare!»

«Ah, ha parlato la genia. Guarda che qui è roba seria, in macchina abbiamo sentito la radio parlare di alluvione!»

Dieci paia di occhi si fissarono di colpo su Constantin, che si bloccò prima di finire il discorso. A quel punto Bruno, per la prima volta, aprì bocca davanti a tutti.

«Non sapevo se dirvelo, prima che aveste ricevuto la telefonata dei vostri amici. Ma noi forestali siamo collegati con la protezione civile e alla radio hanno segnalato possibili rischi d'alluvione, anche nella valle della Muota.»

Il silenzio ricoprì il tavolo e fu interrotto solo dall'arrivo del cibo. Nessuno però si avventò sui taglieri di formaggio, né sulle patate e le zuppe fumanti.

Rimasero così per qualche minuto, finché il suono del telefono di Marie-Hélène li fece sobbalzare tutti.

«Edme, ciao, state bene? Aspetta che ti metto in vivavoce, siamo al bar, sentirai della confusione, ma tu parla forte che tutti qui vogliono ascoltarti. Eravamo preoccupati.»

«Ehi, ciao a tutte! Grazie per aver pensato a noi. Ma

stiamo bene. Siamo ancora in macchina, ma siamo quasi arrivati a Lucerna. Qui è assurdo, adesso ci sono mezzi militari dappertutto, stanno mettendo sacchi di sabbia lungo la ferrovia.» Un coro di voci rispose al saluto di Edme e il sollievo si diffuse intorno alla tavola rotonda. Dalla macchina rispose Anne: «Ehi, ciao. Tutto bene, ci siamo presi un grande spavento. Mentre scendevamo continuavamo a vedere mezzi militari nella direzione opposta e l'acqua del fiume faceva parecchio impressione. Abbiamo passato anche un posto di blocco, impediva a chiunque di salire. Hanno sgomberato la strada e chiuso la ferrovia. Il rischio maggiore dovrebbe essere stanotte, poi sperano che cominci a calare, ma non sono certi che gli argini possano reggere a lungo. Pare proprio che il capriccio dei nostri figli ci abbia risparmiato una bella seccatura. Hanno dichiarato lo stato di emergenza e non si sa quando riapriranno le strade. Se non fossimo partiti subito ci saremmo trovati isolati. Ora dovremo soltanto accontentarci di accamparci da mia suocera con solo i vestiti che abbiamo addosso».

«Noo, voi dovete venire qui! Fra pochi giorni trasportiamo il nido. Edme ci deve assolutamente essere!» disse Quintilio, e nessuno osò contraddirla.

59

I giorni seguenti furono febbrili per tutti. Il pranzo all'Alpenstock si era trasformato in una vera e propria riunione operativa in cui ciascuno aveva messo all'opera le proprie competenze. A cominciare da Monica che si era dimostrata preziosa nel delimitare il problema e definire la strategia, ma soprattutto nel trovare il compito più adatto per ciascuno.

«Allora se davvero vogliamo tentare questa folle avventura, io a partire da domani mattina sarò impegnata h24 per farmi dare tutte le autorizzazioni, permessi, benedizioni possibili. Non possiamo certo pensare di sottrarre materiale vegetale da una riserva naturale per introdurlo in un'altra riserva naturale senza avere alcun permesso. Quindi domani dedicherò la mia domenica a scrivere il più affascinante progetto di ricerca che si sia mai visto, che faccia intravedere non tanto la salvezza del pianeta – di cui a non tutti i miei superiori interessa, soprattutto a quelli che devono validare i progetti di ricerca – quanto colossali ricadute commerciali.

«Sarebbe tutto più semplice se la nostra operazione potesse passare inosservata, ma evidentemente non è questo il caso. E qui ci si apre tutta un'altra serie di problemi. Anche se io dovessi miracolosamente riuscire a ottenere i permessi e potessi utilizzare i fondi del mio laboratorio e i mezzi dell'università, quello che abbiamo in mente è decisamente poco maneggevole. Cerchiamo di mettere giù qualche numero» e mentre lo diceva tirò fuori dal suo zaino un blocco e un pennarello nero su cui cominciò a disegnare, attirando l'attenzione anche di Constantin, che durante il discorso si era distratto a guardarsi intorno. «Allora se facciamo qualche calcolo spannometrico noi abbiamo: una zolla di terra del diametro di circa due metri, per uno spessore che come minimo dovrà essere di cinquanta centimetri per tenere le radici...».

«Sembra un problema di geometria...» commentò Costi.

«È un problema di geometria!» lo zittì sua sorella, che voleva seguire il ragionamento di Monica senza interruzioni.

«Dicevamo: due metri di diametro, cioè uno di raggio, Constantin, vuoi dirmi tu l'area di un cerchio di un metro di raggio?» chiese Monica, abituata a coinvolgere gli studenti più distratti.

«Ah, be', sì, facile, è πr^2, cioè 3,14 metri quadrati.»

«Ottimo, quindi se la nostra zolla è spessa almeno cinquanta centimetri...»

«Il volume da trasportare sarà un po' più di 1,5 m^3!» esclamò Costi, fiero di aver capito lo scopo del ragionamento.

«Esatto, e noi sappiamo, o almeno io so perché ho dovuto calcolarlo molte volte, che il terreno pesa tra i millesettecento e i duemiladuecento chili per metro cubo.

Varia molto tra bagnata e asciutta e se è argillosa, sabbiosa o mista con ciottoli. Non abbiamo il tempo di fare un'analisi precisa. Ma possiamo approssimare al peggio, contando che indubbiamente è terra bagnata, che pesa di più, ma in parte è legna che pesa di meno, direi che non sbagliamo se facciamo» Monica stava nello stesso tempo ragionando ad alta voce e per la forza dell'abitudine, tenendo una lezione scrivendo sul suo blocco:

> 1,57 m^3 che è il nostro volume × 2200 kg/m^3 che è il peso specifico = 3454 kg.»

«Quindi noi dovremo trasportare una roba di tre tonnellate e mezza?» chiese Costi, che aveva sempre amato le equivalenze perché erano l'unica cosa che non cambiava cambiando lingua.

«Esatto, e non un carico qualsiasi, ma preziosissimi e delicati germogli e arbusti che superano l'altezza di due metri. Io posso occuparmi dei permessi per le piante, ma ci sono parecchie questioni logistiche per le quali ci sarà bisogno di tutti.»

«Bene, cosa serve?» chiese Ris, che non aveva perso una parola e vedeva finalmente arrivare il momento di passare all'azione. Marie-Hélène aveva assistito ammirata al ragionamento di Monica, e all'attenzione con cui quattro ragazzini avevano seguito la lezione, tirò a sua volta fuori dallo zaino un quaderno e una matita che passò a Ris dicendole: «Fai una lista» – era felice di fornire supporto restando in disparte.

Le tre ragazze si scambiarono un sorriso e uno sguardo d'intesa, eccoci, questo era il momento che avevano aspettato dall'inizio, la loro missione. E tutti questi grandi, riuniti intorno alla tavola, erano lì grazie a loro e per loro. Avevano creduto in loro e volevano aiutarle. Ris cominciò: «Bene, se dobbiamo trasportare una cosa così ingombrante e delicata, che poi sarebbe la nostra capsula del tempo, ci serve un furgone o qualcosa del genere...».

«Quello posso provare a prenderlo tra i mezzi dell'università» rispose Monica. «Non so se ne abbiamo a nostra disposizione uno che porti tre tonnellate e mezza, ma posso provare. E non so se posso guidarlo con la mia patente.»

«Ah. Abbiamo un problema.»

«Posso guidarlo io» disse Emil, senza aggiungere altro e ottenendo uno sguardo di gratitudine di sua figlia e un abbraccio da sua nipote.

«Grazie, nonno!»

«Se serve posso guidarlo anche io, ma non penso che sia una buona idea mettere me, con la mia faccia, alla guida di un furgone in un'operazione per cui non abbiamo proprio ancora tutti i permessi. Ecco, diciamo che attirerei un po' troppo l'attenzione. Però per tutto quello che c'è da fare nella foresta, contate su di me» disse Bruno.

La sua affermazione fu accolta da qualche secondo di silenzio. Non c'era alcun rimprovero, né lamentela nel suo tono. E ciò aveva reso ancora più scottante per gli altri realizzare come il razzismo facesse parte della vita quotidiana di chi sedeva accanto a loro. Fu Emil, per una volta, a rompere quel silenzio imbarazzato.

«Be', una mano mi farà comodo, ragazzo, grazie.

Sono diversi anni che non guido roba così ingombrante e mi par di capire che non sarà proprio un carico facile da assicurare. Due paia di occhi vedono meglio di uno.» Questa volta lo sguardo che Diane lanciò a suo padre conteneva ben più che gratitudine.

«Ok, quindi il furgone ce l'abbiamo e gli autisti anche» proseguì Ris a passo spedito «tutto risolto? Quando si fa?»

«Uo, uo, aspetta!» la fermò Derb. «Se veramente pesa più di tre tonnellate non bastano certo suo nonno e Bruno per metterla sul furgone. E poi come la si carica? E il trasporto fino alla strada? Tu quando parti per la missione parti anche per la tangente! Continuiamo bene la lista.»

«Ok, metto squadra: quante persone ci servono, qui siamo otto. Ma probabilmente dovremo dividerci, qualcuno sta alla foresta di partenza e qualcuno in quella d'arrivo. Quindi dobbiamo fare team Finges e team Derborence. Ci serve altra gente. Mi sa che ci tocca coinvolgere i miei fratelli. Mamma, devi dirglielo tu.»

«Possiamo dirglielo insieme, ma secondo me non ci saranno problemi, saranno felici di partecipare.»

«Ok, più due, siamo a dieci, chi altro?» chiese Ris. Monica, che nel frattempo aveva proseguito anche la propria lista, riprese la parola: «Allora, secondo me l'ostacolo maggiore è estrarre le piante dalla foresta e trasportarle fino al furgone. L'arrivo poi è tutto da verificare. Abbiamo di sicuro bisogno di molte più persone e di fare un sopralluogo a Derborence. Io posso trovare una decina, spero, tra miei studenti e miei colleghi, abbastanza matti da partecipare all'impresa.

Resta il fatto che tre tonnellate e mezza sono tante. Bisognerà anche preparare un luogo dove far atterrare la vostra capsula».

«Quello forse no» intervenne per la prima volta Fing e tutti si girarono a guardarla. «Be' in tutti i nostri discorsi sembra che abbiamo dimenticato che sono state le foreste a chiamarci, che loro vogliono che noi facciamo questa cosa e quindi ci aiuteranno. E poi, pensavo che...»

«Che...?» la sollecitò Ris impaziente.

«Che se davvero dobbiamo coinvolgere tutte queste persone e farci dare i permessi e trovare un furgone... allora forse tanto vale trasportarne due, di nidi.»

«Due?»

«Be', noi sappiamo già che a Derborence ce n'è uno, l'hanno visto Léo e Constantin. Se tanto dobbiamo fare la strada potremmo prendere il nido di Derborence e riportarlo a Finges, ci sarebbe la fatica di due trasporti, ma non ci sarebbe il problema di scavare, ciascuno andrebbe al posto dell'altro.»

E ancora una volta, Quintilio ha l'ultima parola.

60

«Non ci posso credere!» esclamò Ris per la terza volta di seguito.

«Abbiamo capito, sorella» le rispose Benjamin.

«Sì, ma io non ci posso credere lo stesso. Cioè, qui c'è il sole» disse indicando il cielo.

Erano variamente accomodati nel giardino dietro la casa. Ed effettivamente era un bel pomeriggio di sole. In fondo al prato Constantin stava giocando a calcio con Léo e Quercia. Anne e Paul leggevano le notizie seduti sul dondolo, mentre Edme le rispose: «Sai quanto ti capisco e quanto avrei voluto che oggi fosse il giorno del trasporto. Però ti giuro che ho visto tutta quell'acqua e fa veramente paura. Meglio aspettare».

Dalla cucina usciva un delizioso profumo di biscotti, che si concretizzò nell'arrivo di Marie-Hélène con in mano un vassoio fumante.

«Ecco qui, merenda! Succo, tè, latte?»

«Mamma, come fai a essere così contenta mentre siamo a rischio inondazione?!»

«Tesoro, io sono contenta perché mi piace avere la casa piena di amici, vostri e miei. E anche perché noi non siamo a rischio inondazione come dici tu, ma abbiamo appena scampato un'alluvione e per quanto mi riguarda è qualcosa da festeggiare.»

«Come fai a dire che l'abbiamo scampata, se ha mandato all'aria i nostri piani?»

«Intanto, Edme, Léo, Anne, Paul e Quercia sono qui con noi a godersi questo bel pomeriggio, dopo aver corso un brutto rischio lungo la strada e mentre quei poveretti del loro villaggio sono rimasti isolati dall'acqua. Quindi c'è di sicuro qualcosa da festeggiare e di cui essere grati.»

«Sorella, rinuncia. Se la mamma può rimpinzare qualcuno di cibo, il suo buonumore diventa inattaccabile» scherzò Ben mettendosi in bocca un biscotto e scottandosi la lingua. Intanto sua madre stava continuando il discorso: «E poi, i vostri piani non sono andati all'aria, soltanto rimandati di qualche giorno».

«Potrebbero essere settimane!»

«Senti, Sis, non per dare ragione alla mamma, ma scusa, avresti preferito fare tutte quelle manovre e poi vedere i tuoi preziosi alberi trasportati via dall'acqua perché non avevano fatto in tempo a mettere radici?» disse Luca cercando di mostrarsi razionale.

«Mi sa che hanno ragione, sai» si aggiunse Derb. «O meglio, ha sicuramente ragione Monica a decidere di rimandare. Dobbiamo solo aspettare che calino le acque e passi la perturbazione. Poi avremo tutto pronto e potremo portare a termine la nostra missione.»

«Mpf, be', allora almeno che arrivi 'sta perturbazione se deve passare.»

«Preferiresti che piovesse adesso?»

«Sì, per far più in fretta...»

«Davvero non sei contenta che siamo tutte qui al sole insieme?» le chiese Fing. «Fra poco arrivano anche i genitori di Derb, mia mamma e Bruno, forse anche il nonno.»

Il pallone calciato da Constantin si avvicinò pericolosamente al tavolo della merenda, che fu salvato da una parata provvidenziale di Derb.

«Ehi, sorella, vedo che non hai perso la mano! Perché non ti unisci a noi?»

Derb lo guardò con un sorriso di sfida, poi si girò verso le sue amiche e disse: «Ragazze, partita? Fratelli contro sorelle?».

In quel momento al cancello si affacciarono Diane, Bruno, Emil, Eva e Relu. Constantin li vide e rilanciò: «Io propongo genitori contro figli, il nonno arbitro!».

«In effetti, sarebbe un peccato se la pioggia ci rovinasse la grigliata. Forse posso portare pazienza ancora un po'» sospirò Ris alzandosi dalla sdraio.

«Eh, la pazienza delle piante» le rispose Fing mentre si univano al gruppo.

Derborence

Eccoli qui, questi piccoli umani agitati.
Oggi mi hanno fatto una sorpresa.
Le ho riconosciute quelle germogliette di poche stagioni.
Con la loro bella energia, sembrano proprio far parte di noi.
E c'era anche quel germoglino appena uscito dalla pigna. È tornato con la sua cagna, bei discorsi anche lei.
Li hanno guidati tutti fino al mio nido.
Avrei dovuto temerli. Ma davvero la loro energia era buona.
Hanno chiesto permesso, hanno chiesto scusa. Si sono fermati ad ascoltare.
Erano felici. Ma tutti così piccoli.
Non riuscivano a sollevare il mio nido. Volevano metterlo su una grande foglia.
Non capivo perché. Non volevo lasciarlo andare.
Poi si sono fermati. Appoggiati al grande tronco hanno lasciato che io capissi.
Le loro intenzioni erano buone.
Li ho aiutati.
Mi hanno portato un altro nido.
Era di mia sorella.
Ho davvero una sorella di là dalla montagna.

Non erano chiacchiere da uccelli.
Abbiamo così tanto da dirci.
Ci sono tantissimi umani là a valle.
Fanno cose strane.
Mia sorella è preoccupata.
Ora il mio nido andrà da lei.
Lo porteranno le piccole umane.
Così saremo insieme.
E poi magari, un giorno,
torneremo a essere una sola
Gaia.

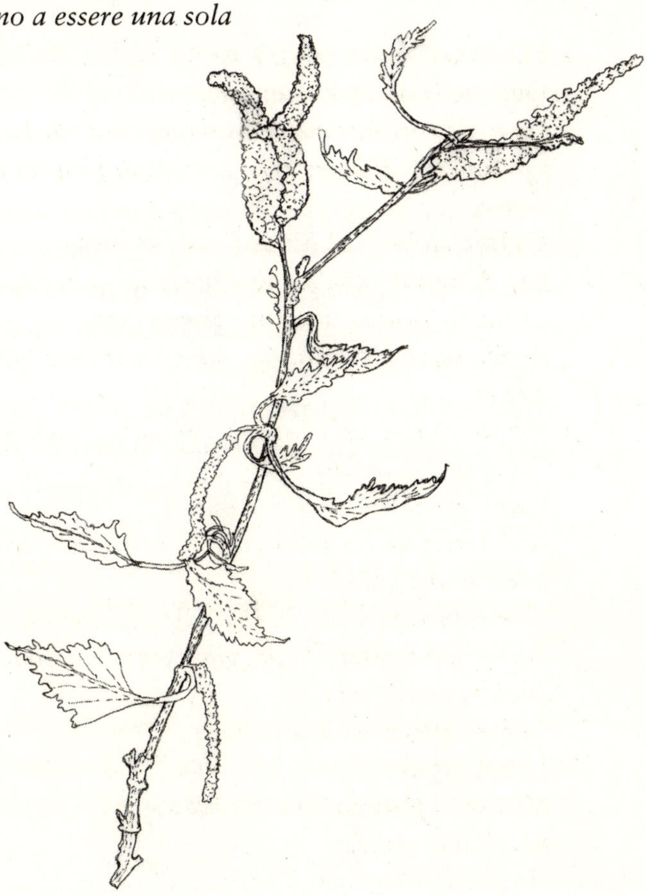

Ringraziamenti

La prima idea per questa storia è arrivata leggendo un articolo sulla comunicazione tra alberi; ho pensato, con un po' di fantasia posso immaginare delle bambine che parlino con le foreste.

Poi la mia storia ha ottenuto il generoso sostegno di Pro Helvetia e io ho cominciato a studiare. Più leggevo, più scoprivo di non aver bisogno di molta fantasia, perché ciò che oggi sappiamo sulle foreste, va al di là della più fervida immaginazione.

Il mio primo ringraziamento va quindi a quelle scienziati e scienziati che in giro per il mondo dedicano la loro vita e il loro lavoro a cercare di capire e a raccontarci i giganti verdi che vegliano su di noi dalla notte dei tempi. E li studiano nonostante la scarsità di fondi, pur sapendo che, se tutto va bene, vivranno meno dell'oggetto delle loro ricerche.

Subito dopo devo ringraziare Alessandra Mascaretti a cui sottopongo tutte le mie idee balzane, che senza di lei non avrei il coraggio di mettere su una pagina.

Poi il mio grazie va a Michela Gallio e a tutta la squadra della mia casa editrice, so che hanno fatto solo il loro lavoro, ma questa volta lo hanno fatto con un entusiasmo e una velocità davvero speciali, grazie davvero a tutte.

E mai dirò abbastanza grazie ad Alice Fornasetti, che in uno strano pomeriggio di giugno mi ha fatto spazio nella sua agenda, e da lì in poi, nulla è stato più come prima.

E infine, grazie alle mie lettrici e ai miei lettori, che mi regalano ogni volta la voglia di continuare a scrivere storie.

Da quando ho iniziato a pensare alla storia di Gaia, il nostro pianeta è stato travolto da una pandemia, poi da una ennesima guerra, questa volta dentro in confini dell'Europa. Il riscaldamento climatico ha toccato +1,11 °C che è peggio di ogni previsione. Non siamo più al sicuro. E io penso che noi adulti dovremmo davvero passare molto più tempo ad ascoltare i giovani e a piantare alberi, dovesse essere l'ultima cosa che facciamo su questa Terra, ne sarà valsa la pena.

Indice

Questo libro è stampato fabbricato da Grafica Veneta S.p.A.
con un processo di stampa e rilegatura certificato 100% carbon neutral
in accordo con PAS 2060 BSI

Finito di stampare nel mese di aprile 2022
per conto di RCS MediaGroup S.p.A.
da Grafica Veneta S.p.A., Trebaseleghe (PD)
Printed in Italy